UN OBSEQUIO PARA

....

DE

FECHA

....

ORIGEN

PROMESAS DE DIOS PARA TIEMPOS DIFÍCILES

PROMESAS DE DIOS PARA TIEMPOS DIFÍCILES

JACK COUNTRYMAN

ORIGEN

Título original: *God's Promises for When You Are Hurting*

Primera edición: abril de 2019

Publicado bajo acuerdo con Thomas Nelson,
una división de HarperCollins Christian Publishing, Inc.

© 2015, Jack Countryman
© 2019, Penguin Random House Grupo Editorial USA, LLC.
8950 SW 74th Court, Suite 2010
Miami, FL 33156

Todas las citas bíblicas, a menos que se indique lo contrario, fueron
tomadas de Reina-Valera © 1960 Sociedades Bíblicas en América Latina;
© renovado 1988 Sociedades Bíblicas Unidas. Utilizado con permiso.
Reina-Valera 1960™ es una marca registrada de la American Bible Society.

Traducción: María José Hooft
Diseño de cubierta: Víctor Blanco
Foto: iStock.com/ipopba

ISBN: 978-1-949061-55-0

Impreso en USA / *Printed in USA*

Penguin
Random House
Grupo Editorial

ÍNDICE

· · · · · · · · ·

Promesas para cuando...

Promesas de la Biblia acerca de...

Promesas sobre el amor de Dios por ti que...

INTRODUCCIÓN

Muchas veces en la vida enfrentamos desafíos y decepciones. Afortunadamente, Dios nos dio sus palabras de aliento en las Escrituras como respuesta a las dificultades de la vida. Este libro fue diseñado para ayudarte si estás sufriendo: las promesas y verdades de Dios ofrecen consuelo y paz cuando la vida se torna difícil. Nuestra oración es que, como resultado de pasar tiempo con la Palabra de Dios, experimentes su paz que sobrepasa todo entendimiento.

PROMESAS

para cuando te sientes…

Promesas para cuando te sientes...
DESANIMADO

Cuando Dios te permite experimentar más exigencias, contratiempos y dolor del que sientes que puedes manejar, es normal sentirse abrumado y desanimado. ¿Cuál es la razón para levantarte en la mañana cuando las cargas son tan pesadas y el camino por delante tan confuso? Porque en tiempos como este, puedes experimentar la cercanía de tu Padre celestial que, por su poder y su presencia, te ayudará a ser fuerte en cada prueba y abrirte paso en cada tribulación. Él ha sido fiel a través de los siglos, es fiel ahora, y será tu fortaleza en cualquier problema que enfrentes.

"En lo cual vosotros os alegráis, aunque ahora por un poco de tiempo, si es necesario, tengáis que ser afligidos en diversas pruebas, para que sometida a prueba vuestra fe, mucho más preciosa que el oro, el cual aunque perecedero se prueba con fuego, sea hallada en alabanza, gloria y honra cuando sea manifestado Jesucristo, a quien amáis sin haberle visto...".

1 PEDRO 1:6-8

❋ ❋ ❋

"Si anduviere yo en medio de la angustia, tú me vivificarás;
Contra la ira de mis enemigos extenderás tu mano,
Y me salvará tu diestra.
Jehová cumplirá su propósito en mí;
Tu misericordia, oh Jehová, es para siempre;
No desampares la obra de tus manos".

SALMO 138:7-8

"… y he aquí yo estoy con vosotros todos los días, hasta el fin del mundo".

MATEO 28:20

❋ ❋ ❋

"No se turbe vuestro corazón; creéis en Dios, creed también en mí. En la casa de mi Padre muchas moradas hay; si así no fuera, yo os lo hubiera dicho; voy, pues, a preparar lugar para vosotros. Y si me fuere y os preparare lugar, vendré otra vez, y os tomaré a mí mismo, para que donde yo estoy, vosotros también estéis".

JUAN 14:1-3

❋ ❋ ❋

"La paz os dejo, mi paz os doy; yo no os la doy como el mundo la da. No se turbe vuestro corazón, ni tenga miedo".

JUAN 14:27

"... corramos con paciencia la carrera que tenemos por delante, puestos los ojos en Jesús, el autor y consumador de la fe".

HEBREOS 12:1-2

"Estando persuadido de esto, que el que comenzó en vosotros la buena obra, la perfeccionará hasta el día de Jesucristo".

FILIPINENSES 1:6

"Amad a Jehová, todos vosotros sus santos;
A los fieles guarda Jehová,
Y paga abundantemente al que procede con
soberbia.
Esforzaos todos vosotros los que esperáis en Jehová,
Y tome aliento vuestro corazón".

SALMO 31:23-24

Promesas para cuando te sientes...
SOLO

La soledad puede agobiar tu corazón, desgastar la confianza en ti mismo y arrebatarte la esperanza. Si así es como te sientes ahora, considera lo siguiente: Jesús mismo estaba solo cuando al principio de su ministerio su familia no lo comprendía. Se sintió solo cuando sus discípulos fueron lentos en reconocerlo y tardaron en entender a qué había venido. Y Jesús, sin duda, se sintió muy solo cuando Judas lo traicionó y Pedro negó conocerlo. Jesús entiende tu soledad. Acude a Él que está contigo todos los días y todas las noches, y encontrarás la compañía más dulce que jamás hayas conocido.

"Bendito sea el Dios y Padre de nuestro Señor Jesucristo, Padre de misericordias y Dios de toda consolación, el cual nos consuela en todas nuestras tribulaciones, para que podamos también nosotros consolar a los que están en cualquier tribulación, por medio de la consolación con que nosotros somos consolados por Dios".

2 Corintios 1:3-4

*"Dios es nuestro amparo y fortaleza,
Nuestro pronto auxilio en las tribulaciones.
Jehová de los ejércitos está con nosotros;
Nuestro refugio es el Dios de Jacob".*

Salmo 46:1, 7

"Acercaos a Dios, y él se acercará a vosotros...".

Santiago 4:8

"Por lo cual estoy seguro de que ni la muerte, ni la vida, ni ángeles, ni principados, ni potestades, ni lo presente, ni lo por venir, ni lo alto, ni lo profundo, ni ninguna otra cosa creada nos podrá separar del amor de Dios, que es en Cristo Jesús Señor nuestro".

ROMANOS 8:38-39

❋ ❋ ❋

"Esforzaos y cobrad ánimo; no temáis, ni tengáis miedo de ellos, porque Jehová tu Dios es el que va contigo; no te dejará, ni te desamparará".

DEUTERONOMIO 31:6

❋ ❋ ❋

"Porque los montes se moverán, y los collados temblarán, pero no se apartará de ti mi misericordia, ni el pacto de mi paz se quebrantará, dijo Jehová, el que tiene misericordia de ti".

ISAÍAS 54:10

"No hay como el Dios de Jesurún,
Quien cabalga sobre los cielos para tu ayuda,
Y sobre las nubes con su grandeza.
El eterno Dios es tu refugio,
Y acá abajo los brazos eternos...".

DEUTERONOMIO 33:26-27

"Él sana a los quebrantados de corazón,
Y venda sus heridas.
Él cuenta el número de las estrellas;
A todas ellas llama por sus nombres.
Grande es el Señor nuestro, y de mucho poder;
Y su entendimiento es infinito".

SALMO 147:3-5

Promesas para cuando te sientes...
DEPRIMIDO

Por momentos tu mundo puede tornarse color gris. Gris oscuro. A veces sabes bien el porqué, pero otras no. Cualquiera que sea tu motivo, ese gris puede agobiarte y disminuir tu entusiasmo por la vida. Puede hacer que te aísles y que las dudas crezcan en magnitudes abrumadoras. Pero la verdad de la Palabra de Dios puede traer luz a ese gris. Entonces, sin importar cuán oscuro se encuentre tu mundo ahora, escoge creer en la promesa de Dios que dice que, aun si te sientes desesperanzado y ni siquiera imaginas cómo podría suceder, Él puede hacer renacer algo bello de las cenizas. Tu Salvador todopoderoso lo hará porque te ama profundamente. Y ya que eres suyo y Él es Dios, nadie puede quitarle el amor que siente por ti.

"... Pero su favor dura toda la vida.
Por la noche durará el lloro,
Y a la mañana vendrá la alegría".

SALMO 30:5

"El Espíritu de Jehová el Señor está sobre mí,
porque me ungió Jehová... me ha enviado... a
vendar a los quebrantados de corazón... a ordenar
que a los afligidos de Sion se les dé gloria en lugar
de ceniza, óleo de gozo en lugar de luto, manto de
alegría en lugar del espíritu angustiado; y serán
llamados árboles de justicia, plantío de Jehová, para
gloria suya".

ISAÍAS 61:1, 3

*"Los ojos de Jehová están sobre los justos,
Y atentos sus oídos al clamor de ellos...
Claman los justos, y Jehová oye,
Y los libra de todas sus angustias.
Cercano está Jehová a los quebrantados de corazón;
Y salva a los contritos de espíritu".*

SALMO 34:15, 17-18

* * *

*"Bendito sea el Dios y Padre de nuestro Señor
Jesucristo, Padre de misericordias y Dios de toda
consolación, el cual nos consuela en todas nuestras
tribulaciones, para que podamos también nosotros
consolar a los que están en cualquier tribulación,
por medio de la consolación con que nosotros
somos consolados por Dios. Porque de la manera
que abundan en nosotros las aflicciones de Cristo,
así abunda también por el mismo Cristo nuestra
consolación".*

2 CORINTIOS 1:3-5

"Cuando pases por las aguas, yo estaré contigo; y si por los ríos, no te anegarán... Porque yo Jehová, Dios tuyo, el Santo de Israel, soy tu Salvador; a Egipto he dado por tu rescate, a Etiopía y a Seba por ti".

Isaías 43:2-3

"El da esfuerzo al cansado, y multiplica las fuerzas al que no tiene ningunas. Los muchachos se fatigan y se cansan, los jóvenes flaquean y caen; pero los que esperan a Jehová tendrán nuevas fuerzas; levantarán alas como las águilas; correrán, y no se cansarán; caminarán, y no se fatigarán".

Isaías 40:29-31

Promesas para cuando te sientes...
PREOCUPADO

La vida en este mundo caído puede proporcionar mucho por qué preocuparse. Añádele a eso la tendencia del ser humano a centrarse en todos los "qué pasaría si...". Tus pensamientos, de hecho, pueden alimentar tu preocupación. Satanás usará la preocupación para causar dudas, confusión e inseguridad. También la utilizará para mantenerte enfocado en las circunstancias, en vez de poner tu mirada en Dios y su fidelidad. Estar libre de la preocupación es posible cuando decides pensar en la verdad de Dios, en lugar de aquello que te tiene intranquilo, por muy contraria a la realidad que parezca.

Enfocarte en la Palabra de Dios y en su poder reemplazará tu preocupación por paz. Después de todo, eres un hijo del Rey, y su verdad es tu escudo.

"Tú guardarás en completa paz a aquel cuyo pensamiento en ti persevera; porque en ti ha confiado. Confiad en Jehová perpetuamente, porque en Jehová el Señor está la fortaleza de los siglos".

ISAÍAS 26:3-4

"Por nada estéis afanosos, sino sean conocidas vuestras peticiones delante de Dios en toda oración y ruego, con acción de gracias. Y la paz de Dios, que sobrepasa todo entendimiento, guardará vuestros corazones y vuestros pensamientos en Cristo Jesús".

FILIPENSES 4:6-7

"Y sobre todas estas cosas vestíos de amor, que es el vínculo perfecto. Y la paz de Dios gobierne en vuestros corazones, a la que asimismo fuisteis llamados en un solo cuerpo; y sed agradecidos".

COLOSENSES 3:14-15

"Mi Dios, pues, suplirá todo lo que os falta conforme a sus riquezas en gloria en Cristo Jesús".

FILIPENSES 4:19

"Humillaos, pues, bajo la poderosa mano de Dios, para que él os exalte cuando fuere tiempo; echando toda vuestra ansiedad sobre él, porque él tiene cuidado de vosotros".

1 PEDRO 5:6-7

"No os afanéis, pues, diciendo: ¿Qué comeremos, o qué beberemos, o qué vestiremos?
Porque los gentiles buscan todas estas cosas; pero vuestro Padre celestial sabe que tenéis necesidad de todas estas cosas. Mas buscad primeramente el reino de Dios y su justicia, y todas estas cosas os serán añadidas. Así que, no os afanéis por el día de mañana, porque el día de mañana traerá su afán. Basta a cada día su propio mal".

MATEO 6:31-34

"Porque los que son de la carne piensan en las cosas de la carne; pero los que son del Espíritu, en las cosas del Espíritu. Porque el ocuparse de la carne es muerte, pero el ocuparse del Espíritu es vida y paz".

ROMANOS 8:5-6

"El que habita al abrigo del Altísimo
Morará bajo la sombra del Omnipotente.
Diré yo a Jehová: Esperanza mía, y castillo mío;
Mi Dios, en quien confiaré.
Él te librará del lazo del cazador,
De la peste destructora.
Con sus plumas te cubrirá,
Y debajo de sus alas estarás seguro;
Escudo y adarga es su verdad".

SALMO 91:1-4

Promesas para
cuando te sientes...
CONFUNDIDO

En el mundo bullicioso en que vivimos hoy, con tantas voces que te llaman desde diferentes direcciones, es fácil sentirse confundido. Los mensajes ruidosos y contradictorios que el entorno manifiesta acerca de tu valor y tu propósito, y sobre qué creer y cómo vivir, definitivamente pueden causar incertidumbre acerca de situaciones específicas y sobre quién eres en general. Sin embargo, por la gracia de Dios, Él provee en su Palabra todas las respuestas que necesitas. Mi consejo es que tomes un momento para salir del bullicio y pasar tiempo a solas con Dios. Lee y cree en las promesas que tiene para tu bienestar. Dios guiará tu camino hacia la paz, el gozo y la claridad, regalos que solo Él puede dar.

❋ ❋ ❋

"Fíate de Jehová de todo tu corazón,
Y no te apoyes en tu propia prudencia.
Reconócelo en todos tus caminos,
Y él enderezará tus veredas".

Proverbios 3:5-6

❋ ❋ ❋

"Pero la sabiduría que es de lo alto es primeramente pura, después pacífica, amable, benigna, llena de misericordia y de buenos frutos, sin incertidumbre ni hipocresía. Y el fruto de justicia se siembra en paz para aquellos que hacen la paz".

Santiago 3:17-18

"Echa sobre Jehová tu carga, y él te sustentará;
No dejará para siempre caído al justo".

SALMO 55:22

❋ ❋ ❋

"Porque no nos ha dado Dios espíritu de cobardía,
sino de poder, de amor y de dominio propio".

2 TIMOTEO 1:7

❋ ❋ ❋

"Porque Jehová el Señor me ayudará, por tanto
no me avergoncé; por eso puse mi rostro como un
pedernal, y sé que no seré avergonzado. Cercano
está de mí el que me salva; ¿quién contenderá
conmigo? Juntémonos. ¿Quién es el adversario
de mi causa? Acérquese a mí... ¿Quién hay entre
vosotros que teme a Jehová, y oye la voz de su
siervo? El que anda en tinieblas y carece de luz,
confíe en el nombre de Jehová, y apóyese en su
Dios".

ISAÍAS 50:7-8, 10

"Tú eres mi refugio; me guardarás de la angustia;
Con cánticos de liberación me rodearás.
Te haré entender, y te enseñaré el camino en que
*   debes andar;*
Sobre ti fijaré mis ojos".

SALMO 32:7-8

"Por tanto, Jehová esperará para tener piedad
de vosotros, y por tanto, será exaltado teniendo de
vosotros misericordia; porque Jehová es Dios justo;
bienaventurados todos los que confían en él...
Entonces tus oídos oirán a tus espaldas palabra que
diga: Este es el camino, andad por él; y no echéis
a la mano derecha, ni tampoco torzáis a la mano
izquierda".

ISAÍAS 30:18, 21

Promesas para cuando te sientes...
TEMEROSO

El Señor te llama a fijar tu mirada en Él a lo largo del trayecto de la vida. Prometió proveer todo lo que necesitas. Incluso fuerza, sabiduría y guía. Satanás, el enemigo de Dios y el tuyo, susurrará en tu oído para sembrar temor, en lugar de fe. El desasosiego puede quitar tu mirada de Dios y enfocarla en ti mismo. Ese miedo puede retraerte, distanciarte del Señor y aturdirte hasta que ya no oigas la guía del Espíritu Santo. Tu corazón y tu mente se vuelven el campo de batalla de Satanás. Él te hace desconfiar de tu relación con el Padre eterno. La verdad de Dios, asentada en su Palabra, hace resplandecer su luz sobre las mentiras del enemigo. Abre sus páginas y deja que el amor perfecto de Dios —que se evidencia desde Génesis hasta Apocalipsis— eche fuera todo tu temor. En el amor perfecto de Dios no hay temor, sino que el perfecto amor echa fuera el temor.

"Con sus plumas te cubrirá,
Y debajo de sus alas estarás seguro;
Escudo y adarga es su verdad.
No temerás el terror nocturno,
Ni saeta que vuele de día,
Ni pestilencia que ande en oscuridad,
Ni mortandad que en medio del día destruya.
Caerán a tu lado mil,
Y diez mil a tu diestra;
Mas a ti no llegará".

SALMO 91:4-7

"Por lo demás, hermanos, todo lo que es verdadero, todo lo honesto, todo lo justo, todo lo puro, todo lo amable, todo lo que es de buen nombre; si hay virtud alguna, si algo digno de alabanza, en esto pensad".

FILIPENSES 4:8

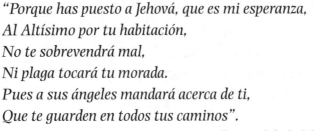

"Porque has puesto a Jehová, que es mi esperanza, Al Altísimo por tu habitación, No te sobrevendrá mal, Ni plaga tocará tu morada. Pues a sus ángeles mandará acerca de ti, Que te guarden en todos tus caminos".

SALMO 91:9-11

"Con justicia serás adornada; estarás lejos de opresión, porque no temerás, y de temor, porque no se acercará a ti".

ISAÍAS 54:14

"Porque todos los que son guiados por el Espíritu de Dios, estos son hijos de Dios.
Pues no habéis recibido el espíritu de esclavitud para estar otra vez en temor, sino que habéis recibido el espíritu de adopción, por el cual clamamos: ¡Abba, Padre! El Espíritu mismo da testimonio a nuestro espíritu, de que somos hijos de Dios. Y si hijos, también herederos; herederos de Dios y coherederos con Cristo, si es que padecemos juntamente con él, para que juntamente con él seamos glorificados".

ROMANOS 8:14-17

"Aunque ande en valle de sombra de muerte,
No temeré mal alguno, porque tú estarás conmigo;
Tu vara y tu cayado me infundirán aliento.
Aderezas mesa delante de mí en presencia de mis
   angustiadores;
Unges mi cabeza con aceite; mi copa está
   rebosando".

SALMO 23:4-5

Promesas para cuando te sientes...
ASUSTADO Y NECESITAS CORAJE

Por momentos puedes estar totalmente seguro sobre lo que debes hacer, pero tienes miedo. Otras veces tienes confianza en que Dios te está llamando a decir ciertas palabras o a tomar una decisión específica, pero no posees el coraje para dar el paso de fe. Cuando percibes cómo Dios quiere que obres, pero te sientes nervioso de hacerlo, debes saber que Él te dará la valentía que necesitas. Al dar el primer paso en oración, experimentarás la fortaleza de Dios. Tu Padre celestial, el Dios todopoderoso, te dará la fuerza para cada situación que enfrentes. Cuando confíes en su poder, podrás correr y no cansarte;

podrás perseverar y no desmayar. Esta es la promesa de Dios para ti.

"No temas, porque yo estoy contigo; no desmayes, porque yo soy tu Dios que te esfuerzo; siempre te ayudaré, siempre te sustentaré con la diestra de mi justicia".

ISAÍAS 41:10

"Aguarda a Jehová;
Esfuérzate, y aliéntese tu corazón;
Sí, espera a Jehová".

SALMO 27:14

"… ¿Quién dio la boca al hombre? ¿O quién hizo al mudo y al sordo, al que ve y al ciego? ¿No soy yo Jehová? Ahora pues, ve, y yo estaré con tu boca, y te enseñaré lo que hayas de hablar".

Éxodo 4:11-12

❋ ❋ ❋

"Por lo cual estoy seguro de que ni la muerte, ni la vida, ni ángeles, ni principados, ni potestades, ni lo presente, ni lo por venir, ni lo alto, ni lo profundo, ni ninguna otra cosa creada nos podrá separar del amor de Dios, que es en Cristo Jesús Señor nuestro".

Romanos 8:38-39

❋ ❋ ❋

"Esforzaos todos vosotros los que esperáis en Jehová,
Y tome aliento vuestro corazón".

Salmo 31:24

"Él da esfuerzo al cansado, y multiplica las fuerzas al que no tiene ningunas. Los muchachos se fatigan y se cansan, los jóvenes flaquean y caen; pero los que esperan a Jehová tendrán nuevas fuerzas; levantarán alas como las águilas; correrán, y no se cansarán; caminarán, y no se fatigarán".

ISAÍAS 40:29-31

"Ahora, así dice Jehová, Creador tuyo, oh Jacob, y Formador tuyo, oh Israel: No temas, porque yo te redimí; te puse nombre, mío eres tú. Cuando pases por las aguas, yo estaré contigo; y si por los ríos, no te anegarán. Cuando pases por el fuego, no te quemarás, ni la llama arderá en ti. Porque yo, Jehová, Dios tuyo, el Santo de Israel, soy tu Salvador...".

ISAÍAS 43:1-3

Promesas para cuando te sientes...
ENOJADO

Existe el enojo justo. Es esa furia que sientes sobre lo que sabes que Dios desaprueba. Pero con demasiada frecuencia la ira es menos noble. Te sientes enojado, por ejemplo, cuando no te sales con la tuya, o cuando el día no está saliendo de acuerdo con tus planes, o cuando la gente te decepciona... y la lista sigue. Consciente de las muchas cosas que en este mundo pueden enfadarte, Dios te llama a ser "lento para hablar y para enojarse" (Santiago 1:19). No dejes que la ira te domine, incitándote a decir o hacer cosas de las que luego te arrepentirás. La ira puede impulsarte a hacer tonterías, y aun empujarte a hacer daño. Pero con la ayuda de Dios puedes controlar tu cólera antes de cometer los errores a los cuales te impulsa. Esa alternativa siempre es la mejor.

✳ ✳ ✳

"Por esto, mis amados hermanos, todo hombre sea pronto para oír, tardo para hablar, tardo para airarse; porque la ira del hombre no obra la justicia de Dios".

SANTIAGO 1:19-20

✳ ✳ ✳

"Por lo cual, desechando la mentira, hablad verdad cada uno con su prójimo; porque somos miembros los unos de los otros. Airaos, pero no pequéis; no se ponga el sol sobre vuestro enojo, ni deis lugar al diablo".

EFESIOS 4:25-27

"La blanda respuesta quita la ira;
Mas la palabra áspera hace subir el furor.
La lengua de los sabios adornará la sabiduría;
Mas la boca de los necios hablará sandeces".

Proverbios 15:1-2

"El que tarda en airarse es grande de
* entendimiento;*
Mas el que es impaciente de espíritu enaltece la
* necedad".*

Proverbios 14:29

"Mejor es el que tarda en airarse que el fuerte;
Y el que se enseñorea de su espíritu, que el que
* toma una ciudad".*

Proverbios 16:32

*"Si el que te aborrece tuviere hambre, dale de
     comer pan,
Y si tuviere sed, dale de beber agua;
Porque ascuas amontonarás sobre su cabeza,
Y Jehová te lo pagará".*

PROVERBIOS 25:21-22

❋ ❋ ❋

*"Quítense de vosotros toda amargura, enojo, ira,
griería y maledicencia, y toda malicia. Antes
sed benignos unos con otros, misericordiosos,
perdonándoos unos a otros, como Dios también os
perdonó a vosotros en Cristo".*

EFESIOS 4:31-32

❋ ❋ ❋

*"No te apresures en tu espíritu a enojarte; porque
el enojo reposa en el seno de los necios".*

ECLESIASTÉS 7:9

"Pero ahora dejad también vosotros todas estas cosas: ira, enojo, malicia, blasfemia, palabras deshonestas de vuestra boca. No mintáis los unos a los otros, habiéndoos despojado del viejo hombre con sus hechos, y revestido del nuevo, el cual conforme a la imagen del que lo creó se va renovando hasta el conocimiento pleno".

COLOSENSES 3:8-10

❋ ❋ ❋

"El sabio teme y se aparta del mal;
Mas el insensato se muestra insolente y confiado.
El que fácilmente se enoja hará locuras;
Y el hombre perverso será aborrecido".

PROVERBIOS 14:16-17

Promesas para cuando te sientes...
AGOBIADO POR LA AFLICCIÓN

El dolor de la pérdida, especialmente el de perder a alguien a quien amas profundamente, puede ser abrumador y aun incapacitante. La vida puede darte angustias más profundas de lo que alguna vez imaginaste. En esos momentos, Dios puede parecer distante e indiferente, pero no es verdad. Él promete en su Palabra que siempre estará contigo. A pesar de aquello que te sugieran tus emociones, debes estar seguro de que Él está contigo. El Señor promete consolarte aun cuando sufres una pérdida. Te sostendrá cuando no puedas poner un pie delante del otro, así que recibe su consuelo y descansa en su reconfortante presencia.

"Bendito sea el Dios y Padre de nuestro Señor Jesucristo, Padre de misericordias y Dios de toda consolación, el cual nos consuela en todas nuestras tribulaciones, para que podamos también nosotros consolar a los que están en cualquier tribulación, por medio de la consolación con que nosotros somos consolados por Dios".

2 CORINTIOS 1:3-4

✻ ✻ ✻

"Porque si creemos que Jesús murió y resucitó, así también traerá Dios con Jesús a los que durmieron en él".

1 TESALONICENSES 4:14

✻ ✻ ✻

"Y el mismo Jesucristo Señor nuestro, y Dios nuestro Padre, el cual nos amó y nos dio consolación eterna y buena esperanza por gracia, conforte vuestros corazones, y os confirme en toda buena palabra y obra".

2 TESALONICENSES 2:16-17

"Bienaventurados los que lloran, porque ellos recibirán consolación".

Mateo 5:4

❋ ❋ ❋

"¿Dónde está, oh muerte, tu aguijón? ¿Dónde, oh sepulcro, tu victoria?"

1 Corintios 15:55

❋ ❋ ❋

"Y oí una gran voz del cielo que decía: He aquí el tabernáculo de Dios con los hombres, y él morará con ellos; y ellos serán su pueblo, y Dios mismo estará con ellos como su Dios. Enjugará Dios toda lágrima de los ojos de ellos; y ya no habrá muerte, ni habrá más llanto, ni clamor, ni dolor; porque las primeras cosas pasaron".

Apocalipsis 21:3-4

"Acuérdate de la palabra dada a tu siervo,
En la cual me has hecho esperar.
Ella es mi consuelo en mi aflicción,
Porque tu dicho me ha vivificado".

Salmo 119: 49-50

Promesas para cuando te sientes...
IMPACIENTE

¿Tiendes a querer todo de inmediato? Es difícil no hacerlo en esta era del microondas. Sin embargo, hay pocas cosas buenas que llegan rápido. Algunas personas parecen, por naturaleza, ser más pacientes que otras. Los períodos de espera pueden poner a prueba hasta a la persona más paciente que conozcas. Cuando las respuestas a la oración tardan en llegar, cuando Dios te da una oportunidad de perseverar en circunstancias difíciles, o en una relación que supone un desafío, o cuando la oscuridad en tu vida luce impenetrable, acude al Salvador y pídele que te ayude a ser paciente. Recuerda que Dios usa los tiempos de espera para aumentar tu fe y perfeccionar tu carácter. Elige aferrarte al firme hecho de que Dios es soberano y sus tiempos son perfectos. ¡También recuerda respirar!

* * *

"Bueno es Jehová a los que en él esperan, al alma que le busca.
Bueno es esperar en silencio la salvación de Jehová".

LAMENTACIONES 3:25-26

* * *

"Aguarda a Jehová;
Esfuérzate, y aliéntese tu corazón;
Sí, espera a Jehová".

SALMO 27:14

"A fin de que no os hagáis perezosos, sino imitadores de aquellos que por la fe y la paciencia heredan las promesas".

HEBREOS 6:12

✳ ✳ ✳

"Porque en esperanza fuimos salvos; pero la esperanza que se ve, no es esperanza; porque lo que alguno ve, ¿a qué esperarlo? Pero si esperamos lo que no vemos, con paciencia lo aguardamos".

ROMANOS 8:24-25

✳ ✳ ✳

"Porque las cosas que se escribieron antes, para nuestra enseñanza se escribieron, a fin de que por la paciencia y la consolación de las Escrituras, tengamos esperanza. Pero el Dios de la paciencia y de la consolación os dé entre vosotros un mismo sentir según Cristo Jesús".

ROMANOS 15:4-5

"Pacientemente esperé a Jehová,
Y se inclinó a mí, y oyó mi clamor...
Puso luego en mi boca cántico nuevo, alabanza
   a nuestro Dios.
Verán esto muchos, y temerán,
Y confiarán en Jehová".

SALMO 40:1, 3

"Y no sólo esto, sino que también nos gloriamos
en las tribulaciones, sabiendo que la tribulación
produce paciencia; y la paciencia, prueba; y la
prueba, esperanza; y la esperanza no avergüenza;
porque el amor de Dios ha sido derramado en
nuestros corazones por el Espíritu Santo que nos
fue dado".

ROMANOS 5:3-5

Promesas para cuando te sientes...
NERVIOSO

La vida puede ser desconcertante. Las responsabilidades volverse muy pesadas. Las pruebas y tribulaciones traer incertidumbre y desesperanza. Las situaciones que parecen no tener solución parecen confusas. Muchas vivencias en este mundo intentarán arrebatar tu paz. Puedes prevenir esa pérdida al elegir confiar en el Señor. Decidir recordar su fidelidad a través de los años. Y enfocarte en verdades como su soberanía, su poder ilimitado y su amor inquebrantable. Elige confiar en el Señor, y abraza la paz duradera que solo Él puede dar.

"Por nada estéis afanosos, sino sean conocidas vuestras peticiones delante de Dios en toda oración y ruego, con acción de gracias. Y la paz de Dios, que sobrepasa todo entendimiento, guardará vuestros corazones y vuestros pensamientos en Cristo Jesús".

FILIPENSES 4:6-7

"La paz os dejo, mi paz os doy; yo no os la doy como el mundo la da. No se turbe vuestro corazón, ni tenga miedo".

JUAN 14:27

"Porque los que son de la carne piensan en las cosas de la carne; pero los que son del Espíritu, en las cosas del Espíritu. Porque el ocuparse de la carne es muerte, pero el ocuparse del Espíritu es vida y paz".

ROMANOS 8:5-6

"Porque el reino de Dios no es comida ni bebida, sino justicia, paz y gozo en el Espíritu Santo. Porque el que en esto sirve a Cristo, agrada a Dios, y es aprobado por los hombres. Así que, sigamos lo que contribuye a la paz y a la mutua edificación".

ROMANOS 14:17-19

✳ ✳ ✳

"Por lo demás, hermanos, tened gozo, perfeccionaos, consolaos, sed de un mismo sentir, y vivid en paz; y el Dios de paz y de amor estará con vosotros".

2 CORINTIOS 13:11

✳ ✳ ✳

"Y el Dios de esperanza os llene de todo gozo y paz en el creer, para que abundéis en esperanza por el poder del Espíritu Santo".

ROMANOS 15:13

"Mucha paz tienen los que aman tu ley,
Y no hay para ellos tropiezo".

SALMO 119:165

"Perece el justo, y no hay quien piense en ello; y los
piadosos mueren, y no hay quien entienda que de
delante de la aflicción es quitado el justo. Entrará
en la paz; descansarán en sus lechos todos los que
andan delante de Dios".

ISAÍAS 57:1-2

Promesas para cuando te sientes...
EN DUDA SOBRE LA BONDAD DE DIOS

Existe evidencia innegable sobre la resurrección de Jesús. La ciencia apoya el creacionismo. Las experiencias personales pueden ser argumentos convincentes para la realidad de lo sobrenatural. Creer o no creer es tu elección. Sin embargo, cuando te sientes herido, la elección de creer es difícil: "¿Dios escucha mis oraciones? ¿Satisfará mis necesidades? ¿Realmente le importo?" Si te encuentras dudando, habla con Dios acerca de tus dudas. ¡Él ya las conoce! Y luego abre la Biblia, lee las Escrituras y escoge el camino de la fe. Elige creer en Jesús.

"Creo; [Señor] ayuda mi incredulidad".

MARCOS 9:24

"Tened fe en Dios. Porque de cierto os digo que cualquiera que dijere a este monte: Quítate y échate en el mar, y no dudare en su corazón, sino creyere que será hecho lo que dice, lo que diga le será hecho. Por tanto, os digo que todo lo que pidiereis orando, creed que lo recibiréis, y os vendrá".

MARCOS 11:22-24

"Vosotros, pues, no os preocupéis por lo que habéis de comer, ni por lo que habéis de beber, ni estéis en ansiosa inquietud. Porque todas estas cosas buscan las gentes del mundo; pero vuestro Padre sabe que tenéis necesidad de estas cosas. Mas buscad el reino de Dios, y todas estas cosas os serán añadidas".

LUCAS 12:29-31

*"Tampoco [Abraham] dudó, por incredulidad, de
la promesa de Dios, sino que se fortaleció en fe,
dando gloria a Dios, plenamente convencido de que
era también poderoso para hacer todo lo que había
prometido".*

ROMANOS 4:20-21

❋ ❋ ❋

*"El Señor no retarda su promesa, según algunos la
tienen por tardanza, sino que es paciente para con
nosotros, no queriendo que ninguno perezca, sino
que todos procedan al arrepentimiento".*

2 PEDRO 3:9

❋ ❋ ❋

*"En cuanto a Dios, perfecto es su camino,
Y acrisolada la palabra de Jehová;
Escudo es a todos los que en él esperan".*

SALMO 18:30

"Así que la fe es por el oír, y el oír, por la palabra de Dios".

ROMANOS 10:17

✻ ✻ ✻

"Porque como desciende de los cielos la lluvia y la nieve, y no vuelve allá, sino que riega la tierra, y la hace germinar y producir, y da semilla al que siembra, y pan al que come, así será mi palabra que sale de mi boca; no volverá a mí vacía, sino que hará lo que yo quiero, y será prosperada en aquello para que la envié".

ISAÍAS 55:10-11

Promesas para cuando te sientes...
TENTADO

Satanás tentó hasta al mismo Jesús, y lo hará también contigo. Algunas tentaciones serán conquistas fáciles, mientras que otras significarán una lucha larga y agotadora. Ten por seguro que Dios prometió fortalecerte para mantenerte firme y que puedas luchar contra cada una de las tentaciones que debas enfrentar. También promete dar una salida para cada situación en la que te veas tentado a desviarte de su camino. Él no promete que la elección será fácil, pero te alienta a acercarte con valor delante del trono del Dios todopoderoso y pedirle su ayuda. Jesús garantiza que, allí en su presencia, encontrarás

el socorro que necesitas, la fuerza para perma-
necer firme.

* * *

*"No os ha sobrevenido ninguna tentación que no
sea humana; pero fiel es Dios, que no os dejará ser
tentados más de lo que podéis resistir, sino que dará
también juntamente con la tentación la salida, para
que podáis soportar".*

1 Corintios 10:13

* * *

*"Por tanto, teniendo un gran sumo sacerdote
que traspasó los cielos, Jesús el Hijo de Dios,
retengamos nuestra profesión. Porque no tenemos
un sumo sacerdote que no pueda compadecerse de
nuestras debilidades, sino uno que fue tentado en
todo según nuestra semejanza, pero sin pecado.
Acerquémonos, pues, confiadamente al trono
de la gracia, para alcanzar misericordia y hallar
gracia para el oportuno socorro".*

Hebreos 4:14-16

"Por lo cual debía ser en todo semejante a sus hermanos, para venir a ser misericordioso y fiel sumo sacerdote en lo que a Dios se refiere, para expiar los pecados del pueblo. Pues en cuanto él mismo padeció siendo tentado, es poderoso para socorrer a los que son tentados".

HEBREOS 2:17-18

❋ ❋ ❋

"Porque el pecado no se enseñoreará de vosotros; pues no estáis bajo la ley, sino bajo la gracia".

ROMANOS 6:14

❋ ❋ ❋

"Cuando alguno es tentado, no diga que es tentado de parte de Dios; porque Dios no puede ser tentado por el mal, ni él tienta a nadie; sino que cada uno es tentado, cuando de su propia concupiscencia es atraído y seducido".

SANTIAGO 1:13-14

*"El que encubre sus pecados no prosperará;
Mas el que los confiesa y se aparta alcanzará
misericordia".*

Provervios 28:13

❄ ❄ ❄

*"Sed sobrios, y velad; porque vuestro adversario
el diablo, como león rugiente, anda alrededor
buscando a quien devorar; al cual resistid firmes
en la fe, sabiendo que los mismos padecimientos
se van cumpliendo en vuestros hermanos en
todo el mundo".*

1 Pedro 5:8-9

❄ ❄ ❄

*"Someteos, pues, a Dios; resistid al diablo, y huirá
de vosotros. Acercaos a Dios, y él se acercará a
vosotros. Pecadores, limpiad las manos; y vosotros
los de doble ánimo, purificad vuestros corazones...
Humillaos delante del Señor, y él os exaltará".*

Santiago 4:7-8, 10

"Por lo demás, hermanos míos, fortaleceos en el Señor, y en el poder de su fuerza. Vestíos de toda la armadura de Dios, para que podáis estar firmes contra las asechanzas del diablo... Sobre todo, tomad el escudo de la fe, con que podáis apagar todos los dardos de fuego del maligno".

EFESIOS 6:10-11, 16

Promesas para cuando te sientes...
ESTRESADO

Si eres padre o madre, sabes lo difícil que es ver a tus hijos angustiados y temerosos. De manera similar, el Padre celestial, quien te ama, anhela que tengas paz, en lugar de estar angustiado, temeroso y estresado. La mejor manera de lidiar con tu estrés, de deshacerte de la tensión, es correr hacia el Dios de todo consuelo. Una manera de lograrlo es pasar tiempo en oración, y enfocarte en su amor inquebrantable por ti; en sus planes de bien para tu vida y en la paz que Él anhela que vivas. Dios mantiene sus promesas. Corre a Él confiadamente. Te está esperando. Él desea cambiar tu estrés por su paz.

*"Porque de tal manera amó Dios al mundo, que
ha dado a su Hijo unigénito, para que todo aquel
que en él cree, no se pierda, mas tenga vida eterna.
Porque no envió Dios a su Hijo al mundo para
condenar al mundo, sino para que el mundo sea
salvo por él. El que en él cree, no es condenado;
pero el que no cree, ya ha sido condenado,
porque no ha creído en el nombre del unigénito
Hijo de Dios".*

JUAN 3:16-18

�֍ �֍ �֍

*"Jehová edifica a Jerusalén;
A los desterrados de Israel recogerá.
Él sana a los quebrantados de corazón,
Y venda sus heridas.
Él cuenta el número de las estrellas;
A todas ellas llama por sus nombres.
Grande es el Señor nuestro, y de mucho poder;
Y su entendimiento es infinito".*

SALMO 147:2-5

"Oh Jehová, hiciste subir mi alma del Seol;
Me diste vida, para que no descendiese a la
sepultura.
Cantad a Jehová, vosotros sus santos,
Y celebrad la memoria de su santidad.
Porque un momento será su ira,
Pero su favor dura toda la vida.
Por la noche durará el lloro,
Y a la mañana vendrá la alegría".

Salmo 30:3-5

"Porque Jehová el Señor me ayudará, por tanto
no me avergoncé; por eso puse mi rostro como un
pedernal, y sé que no seré avergonzado. Cercano
está de mí el que me salva; ¿quién contenderá
conmigo? Juntémonos. ¿Quién es el adversario de
mi causa? Acérquese a mí. He aquí que Jehová el
Señor me ayudará; ¿quién hay que me condene? He
aquí que todos ellos se envejecerán como ropa de
vestir, serán comidos por la polilla".

Isaías 50:7-9

"Cuando pases por las aguas, yo estaré contigo; y si por los ríos, no te anegarán. Cuando pases por el fuego, no te quemarás, ni la llama arderá en ti. Porque yo Jehová, Dios tuyo, el Santo de Israel, soy tu Salvador".

Isaías 43:2-3

"Echa sobre Jehová tu carga, y él te sustentará; No dejará para siempre caído al justo".

Salmo 55:22

Promesas para cuando te sientes...
INDIFERENTE HACIA LO ESPIRITUAL

¿Te sientes satisfecho de tu relación con Jesús? ¿Las exigencias de la vida o las heridas pusieron tu salud espiritual en segundo plano? ¿Estás siguiendo a Jesús tan solo por inercia? ¿Estás tan distraído o agobiado que apenas lo sigues? Si tu respuesta es sí a cualesquiera de estas preguntas, es una alentadora señal de autoconciencia y de tu insatisfacción con el *statu quo* espiritual. Para comenzar de nuevo hoy mismo, confiésale a Dios tu necesidad de Él. Abre tu Biblia y deja que su Palabra te limpie y renueve tu corazón y tu mente. Pídele a Dios que reviva tu pasión por Él, y comprométete a que Jesús sea la prioridad en tu vida. Dios volverá a avivar la llama de tu fe en Jesucristo; Él puede hacerlo y lo hará.

"Sé vigilante, y afirma las otras cosas que están para morir; porque no he hallado tus obras perfectas delante de Dios... Yo conozco tus obras, que ni eres frío ni caliente. ¡Ojalá fueses frío o caliente! Pero por cuanto eres tibio, y no frío ni caliente, te vomitaré de mi boca".

APOCALIPSIS 3:2, 15-16

"Cuídate de no olvidarte de Jehová tu Dios, para cumplir sus mandamientos, sus decretos y sus estatutos que yo te ordeno hoy".

DEUTERONOMIO 8:11

*"Si nos hubiésemos olvidado del nombre de nuestro
    Dios,
O alzado nuestras manos a dios ajeno,
¿No demandaría Dios esto?
Porque él conoce los secretos del corazón".*

SALMO 44:20-21

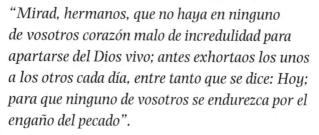

*"Mirad, hermanos, que no haya en ninguno
de vosotros corazón malo de incredulidad para
apartarse del Dios vivo; antes exhortaos los unos
a los otros cada día, entre tanto que se dice: Hoy;
para que ninguno de vosotros se endurezca por el
engaño del pecado".*

HEBREOS 3:12-13

*"Si confesamos nuestros pecados, él es fiel y justo
para perdonar nuestros pecados, y limpiarnos de
toda maldad".*

1 JUAN 1:9

"Ciertamente, si habiéndose ellos [los falsos maestros] escapado de las contaminaciones del mundo, por el conocimiento del Señor y Salvador Jesucristo, enredándose otra vez en ellas son vencidos, su postrer estado viene a ser peor que el primero. Porque mejor les hubiera sido no haber conocido el camino de la justicia, que después de haberlo conocido, volverse atrás del santo mandamiento que les fue dado".

2 PEDRO 2:20-21

✳ ✳ ✳

"Así dijo Jehová: Paraos en los caminos, y mirad, y preguntad por las sendas antiguas, cuál sea el buen camino, y andad por él, y hallaréis descanso para vuestra alma...".

JEREMÍAS 6:16

"Desde los días de vuestros padres os habéis apartado de mis leyes, y no las guardasteis. Volveos a mí, y yo me volveré a vosotros, ha dicho Jehová de los ejércitos...".

MALAQUÍAS 3:7

Promesas para cuando te sientes...
TOTALMENTE EXHAUSTO

La frase "cansado hasta los huesos" lo expresa bien, puedes sentirte exhausto física y emocionalmente hasta lo más profundo. Especialmente cuando lidiaste con circunstancias difíciles e hirientes. Cuando te sientas totalmente agotado, recurre al Señor para que te llene de su presencia, fortalezca tu corazón y renueve tu espíritu. También pídele que te muestre cómo llegaste a este punto de cansancio. Y dónde, por ejemplo, te adelantaste a Él o cambiaste de rumbo, en la dirección equivocada. Pídele que te ayude a emprender el camino de la restauración y la renovación. Acepta su invitación para acercarte, porque como Él dijo: "Mi yugo es fácil, y mi carga es liviana" (Mateo 11:30).

"Llevad mi yugo sobre vosotros, y aprended de mí, que soy manso y humilde de corazón; y hallaréis descanso para vuestras almas; porque mi yugo es fácil, y ligera mi carga".

MATEO 11:29-30

"Bendice, alma mía, a Jehová,
Y bendiga todo mi ser su santo nombre.
Bendice, alma mía, a Jehová,
Y no olvides ninguno de sus beneficios.
Él es quien perdona todas tus iniquidades,
El que sana todas tus dolencias;
El que rescata del hoyo tu vida,
El que te corona de favores y misericordias;
El que sacia de bien tu boca
De modo que te rejuvenezcas como el águila".

SALMO 103:1-5

"Espera en Jehová, y guarda su camino,
Y él te exaltará para heredar la tierra;
Cuando sean destruidos los pecadores, lo verás.
Vi yo al impío sumamente enaltecido,
Y que se extendía como laurel verde.
Pero él pasó, y he aquí ya no estaba;
Lo busqué, y no fue hallado.
Considera al íntegro, y mira al justo;
Porque hay un final dichoso para el hombre de
    paz...
Pero la salvación de los justos es de Jehová,
Y él es su fortaleza en el tiempo de la angustia.
Jehová los ayudará y los librará;
Los libertará de los impíos, y los salvará,
Por cuanto en él esperaron".

SALMO 37:34-37, 39-40

"Porque así dijo el Alto y Sublime, el que habita la eternidad, y cuyo nombre es el Santo: Yo habito en la altura y la santidad, y con el quebrantado y humilde de espíritu, para hacer vivir el espíritu de los humildes, y para vivificar el corazón de los quebrantados... He visto sus caminos; pero le sanaré, y le pastorearé, y le daré consuelo a él y a sus enlutados; produciré fruto de labios: Paz, paz al que está lejos y al cercano, dijo Jehová; y lo sanaré".

ISAÍAS 57:15, 18-19

PROMESAS

para cuando…

Promesas
para cuando...
TE QUEDAS
SIN TRABAJO

La pérdida de un trabajo puede afectar hasta lo más profundo a un asalariado. Tal vez ya aprendiste esta lección por experiencia, o la experimentas en este momento. ¿Qué harás para pagar las cuentas y alimentar a tu familia? Quizá te cuestiones por qué Dios permitió que pierdas tu trabajo. Si es así, pregúntale: "¿Señor, qué deseas que aprenda?". Algo que Dios enseña a sus hijos continuamente es a confiar en Él. Entonces, cree en que el Señor conoce mejor tus necesidades, como también aquello que es mejor para ti. Vuélvete hacia Él. Pasa tiempo con Dios y busca su perfecta voluntad para tu vida.

Dios puede tener un plan completamente nuevo para ti. Descansa en su presencia y elige, a cada momento, confiar en Dios.

✳ ✳ ✳

"Gustad, y ved que es bueno Jehová;
Dichoso el hombre que confía en él.
Temed a Jehová, vosotros sus santos,
Pues nada falta a los que le temen.
Los leoncillos necesitan, y tienen hambre;
Pero los que buscan a Jehová no tendrán falta de
ningún bien".

Salmo 34:8-10

"Hijo mío, está atento a mis palabras;
Inclina tu oído a mis razones.
No se aparten de tus ojos;
Guárdalas en medio de tu corazón;
Porque son vida a los que las hallan,
Y medicina a todo su cuerpo.
Sobre toda cosa guardada, guarda tu corazón;
Porque de él mana la vida".

Proverbios 4:20-23

✼ ✼ ✼

"Oh Jehová, tú me has examinado y conocido.
Tú has conocido mi sentarme y mi levantarme;
Has entendido desde lejos mis pensamientos.
Has escudriñado mi andar y mi reposo,
Y todos mis caminos te son conocidos.
Pues aún no está la palabra en mi lengua,
Y he aquí, oh Jehová, tú la sabes toda.
Detrás y delante me rodeaste,
Y sobre mí pusiste tu mano.
Tal conocimiento es demasiado maravilloso
para mí;

Alto es, no lo puedo comprender.

¿A dónde me iré de tu Espíritu?

¿Y a dónde huiré de tu presencia?

Si subiere a los cielos, allí estás tú;

Y si en el Seol hiciere mi estrado, he aquí,
    allí tú estás.

Si tomare las alas del alba

Y habitare en el extremo del mar,

Aun allí me guiará tu mano,

Y me asirá tu diestra.

Si dijere: Ciertamente las tinieblas me encubrirán;

Aun la noche resplandecerá alrededor de mí.

Aun las tinieblas no encubren de ti,

Y la noche resplandece como el día;

Lo mismo te son las tinieblas que la luz...

Examíname, oh Dios, y conoce mi corazón;

Pruébame y conoce mis pensamientos;

Y ve si hay en mí camino de perversidad,

Y guíame en el camino eterno".

Salmo 139: 1-12, 23-24

Promesas para cuando...
TE FALTA CONFIANZA EN TI MISMO

Muchas veces el dolor llega cuando depositamos nuestra confianza en alguien o algo que no sea nuestro soberano y buen Señor: es una confianza fuera de lugar. Los desafíos dentro de la familia, las desilusiones en lo laboral, la presión económica y hasta una mala noche que no te permitió descansar bien pueden alimentar la falta de confianza en ti mismo. En momentos como esos, puedes elegir depositar tu confianza en Dios todopoderoso. Después de todo, Él prometió estar contigo siempre y en cualquier circunstancia. Prometió que nunca te dejará, ni desamparará. Y prometió que su poder se perfeccionará en tu debilidad.

"Y me ha dicho [el Señor a Pablo]: Bástate mi gracia; porque mi poder se perfecciona en la debilidad. Por tanto, de buena gana me gloriaré más bien en mis debilidades, para que repose sobre mí el poder de Cristo".

2 Corintios 12:9

"Sean vuestras costumbres sin avaricia, contentos con lo que tenéis ahora; porque él dijo: No te desampararé, ni te dejaré; de manera que podemos decir confiadamente:
El Señor es mi ayudador; no temeré
Lo que me pueda hacer el hombre".

Hebreos 13:5-6

"Jehová el Señor es mi fortaleza,
El cual hace mis pies como de ciervas,
Y en mis alturas me hace andar".

Habacuc 3:19

"Jehová te pastoreará siempre, y en las sequías saciará tu alma, y dará vigor a tus huesos; y serás como huerto de riego, y como manantial de aguas, cuyas aguas nunca faltan".

ISAÍAS 58:11

"Y esta es la confianza que tenemos en él, que si pedimos alguna cosa conforme a su voluntad, él nos oye. Y si sabemos que él nos oye en cualquiera cosa que pidamos, sabemos que tenemos las peticiones que le hayamos hecho".

1 JUAN 5:14-15

*"No tendrás temor de pavor repentino,
Ni de la ruina de los impíos cuando viniere,
Porque Jehová será tu confianza,
Y él preservará tu pie de quedar preso".*

PROVERBIOS 3:25-26

"... Si Dios es por nosotros, ¿quién contra nosotros?

El que no escatimó ni a su propio Hijo, sino que lo entregó por todos nosotros, ¿cómo no nos dará también con él todas las cosas? ¿Quién acusará a los escogidos de Dios? Dios es el que justifica. ¿Quién es el que condenará? Cristo es el que murió; más aun, el que también resucitó, el que además está a la diestra de Dios, el que también intercede por nosotros. ¿Quién nos separará del amor de Cristo? ¿Tribulación, o angustia, o persecución, o hambre, o desnudez, o peligro, o espada?... *Antes, en todas estas cosas somos más que vencedores por medio de aquel que nos amó".*

ROMANOS 8:31-35, 37

❄ ❄ ❄

"Todo lo puedo en Cristo que me fortalece".

FILIPENSES 4:13

Promesas
para cuando...
ESTÁS ENFERMO

A menudo una enfermedad física puede impactar en otros aspectos. Puede afectar tus emociones y tu esperanza, tu espíritu y tu alma. Dios puede redimir esos momentos para tu bien y para su gloria. Cuando te encuentras enfermo y te ves forzado a desacelerar el ritmo, por supuesto, visita al médico, toma tu medicina y descansa. ¡Y, sí, también ora al Señor! La Biblia dice que Dios es quien sana tus dolencias. Algunas veces Jesús también desea hablarte durante ese tiempo de mayor quietud; por eso observa y escucha lo que Él tiene para enseñarte cuando te encuentras enfermo.

"Sáname, oh Jehová, y seré sano; sálvame, y seré salvo; porque tú eres mi alabanza".

JEREMÍAS 17:14

✳ ✳ ✳

"¿Está alguno enfermo entre vosotros? Llame a los ancianos de la iglesia, y oren por él, ungiéndole con aceite en el nombre del Señor. Y la oración de fe salvará al enfermo, y el Señor lo levantará; y si hubiere cometido pecados, le serán perdonados".

SANTIAGO 5:14-15

✳ ✳ ✳

"... Si oyeres atentamente la voz de Jehová tu Dios, e hicieres lo recto delante de sus ojos, y dieres oído a sus mandamientos, y guardares todos sus estatutos, ninguna enfermedad de las que envié a los egipcios te enviaré a ti; porque yo soy Jehová tu sanador".

ÉXODO 15:26

"Bendice, alma mía, a Jehová,
Y no olvides ninguno de sus beneficios.
Él es quien perdona todas tus iniquidades,
El que sana todas tus dolencias".

SALMO 103:2-3

❊ ❊ ❊

"Quien llevó él mismo nuestros pecados en su
cuerpo sobre el madero, para que nosotros, estando
muertos a los pecados, vivamos a la justicia; y por
cuya herida fuisteis sanados".

1 PEDRO 2:24

❊ ❊ ❊

"Ciertamente llevó él nuestras enfermedades, y
sufrió nuestros dolores; y nosotros le tuvimos
por azotado, por herido de Dios y abatido. Mas
él herido fue por nuestras rebeliones, molido por
nuestros pecados; el castigo de nuestra paz fue
sobre él, y por su llaga fuimos nosotros curados".

ISAÍAS 53:4-5

"Y toda la gente procuraba tocarle, porque poder salía de él y sanaba a todos".

LUCAS 6:19

✳ ✳ ✳

"Mas yo haré venir sanidad para ti, y sanaré tus heridas, dice Jehová...".

JEREMÍAS 30:17

Promesas para cuando...
TIENES PROBLEMAS ECONÓMICOS

Las dificultades financieras pueden poner tu atención solo en el problema e incrementar excesivamente el estrés, la preocupación y la ansiedad. Puedes llegar a sentirte sofocado por las facturas pendientes e intranquilo por no saber cómo pagarlas. Recurrir a Dios en busca de sabiduría y dirección es vital en cada paso que das hacia la libertad financiera. Su Palabra está llena del conocimiento y entendimiento que necesitas para superar estos tiempos difíciles. Él conoce tus necesidades. Te proveerá de maneras que no puedes imaginar. Prometió suplir todas tus carencias de acuerdo con la abundancia de su perfecta sabiduría, su poder ilimitado y el amor inquebrantable por ti.

"No os afanéis, pues, diciendo: ¿Qué comeremos, o qué beberemos, o qué vestiremos? Porque los gentiles buscan todas estas cosas; pero vuestro Padre celestial sabe que tenéis necesidad de todas estas cosas. Mas buscad primeramente el reino de Dios y su justicia, y todas estas cosas os serán añadidas".

MATEO 6:31-33

"Y a Aquel que es poderoso para hacer todas las cosas mucho más abundantemente de lo que pedimos o entendemos, según el poder que actúa en nosotros".

EFESIOS 3:20

"Los leoncillos necesitan, y tienen hambre;
Pero los que buscan a Jehová no tendrán falta de
ningún bien".

Salmo 34:10

❋ ❋ ❋

"Dad, y se os dará; medida buena, apretada,
remecida y rebosando darán en vuestro regazo;
porque con la misma medida con que medís, os
volverán a medir".

Lucas 6:38

❋ ❋ ❋

"Joven fui, y he envejecido,
Y no he visto justo desamparado,
Ni su descendencia que mendigue pan.
En todo tiempo tiene misericordia, y presta;
Y su descendencia es para bendición".

Salmo 37:25-26

"Pero esto digo: El que siembra escasamente, también segará escasamente; y el que siembra generosamente, generosamente también segará. Cada uno dé como propuso en su corazón: no con tristeza, ni por necesidad, porque Dios ama al dador alegre. Y poderoso es Dios para hacer que abunde en vosotros toda gracia, a fin de que, teniendo siempre en todas las cosas todo lo suficiente, abundéis para toda buena obra".

2 CORINTIOS 9:6-8

❋ ❋ ❋

"Mi Dios, pues, suplirá todo lo que os falta conforme a sus riquezas en gloria en Cristo Jesús".

FILIPENSES 4:19

"Solamente esfuérzate y sé muy valiente, para cuidar de hacer conforme a toda la ley que mi siervo Moisés te mandó; no te apartes de ella ni a diestra ni a siniestra, para que seas prosperado en todas las cosas que emprendas. Nunca se apartará de tu boca este libro de la ley, sino que de día y de noche meditarás en él, para que guardes y hagas conforme a todo lo que en él está escrito...".

JOSUÉ 1:7-8

Promesas para cuando...
ENFRENTAS PRUEBAS EN TU MATRIMONIO

Las estadísticas de matrimonios deshechos, tanto dentro y fuera de la Iglesia, ofrecen evidencia suficiente acerca de que la vida en matrimonio no es fácil. Sin embargo, la Biblia está llena de probada sabiduría, buena esperanza y aliento piadoso para fortalecer tu matrimonio. No solo debe haber un compromiso perdurable del uno con el otro, sino también una relación activa y próspera de cada uno de los cónyuges con el Señor.

La Palabra de Dios manifiesta con claridad que el esposo debe amar a su esposa como a sí mismo. Y que la esposa debe respetar a su marido. Hacer esto con tus propias fuerzas culminará en frustración y fracaso. Pídele al Señor que los ayude a amarse y respetarse, y Él lo hará.

✳ ✳ ✳

"… Sed todos de un mismo sentir, compasivos, amándoos fraternalmente, misericordiosos, amigables; no devolviendo mal por mal, ni maldición por maldición, sino por el contrario, bendiciendo, sabiendo que fuisteis llamados para que heredaseis bendición. Porque:

El que quiere amar la vida
Y ver días buenos,
Refrene su lengua de mal,
Y sus labios no hablen engaño;
Apártese del mal, y haga el bien;
Busque la paz, y sígala".

1 PEDRO 3:8-11

"Las casadas estén sujetas a sus propios maridos, como al Señor; porque el marido es cabeza de la mujer, así como Cristo es cabeza de la iglesia, la cual es su cuerpo, y él es su Salvador. Así que, como la iglesia está sujeta a Cristo, así también las casadas lo estén a sus maridos en todo. Maridos, amad a vuestras mujeres, así como Cristo amó a la iglesia, y se entregó a sí mismo por ella, para santificarla, habiéndola purificado en el lavamiento del agua por la palabra, a fin de presentársela a sí mismo, una iglesia gloriosa, que no tuviese mancha ni arruga ni cosa semejante, sino que fuese santa y sin mancha. Así también los maridos deben amar a sus mujeres como a sus mismos cuerpos. El que ama a su mujer, a sí mismo se ama. Porque nadie aborreció jamás a su propia carne, sino que la sustenta y la cuida, como también Cristo a la iglesia, porque somos miembros de su cuerpo, de su carne y de sus huesos".

Efesios 5:22-30

"Por tanto, dejará el hombre a su padre y a su madre, y se unirá a su mujer, y serán una sola carne".

GÉNESIS 2:24

✳ ✳ ✳

"Quítense de vosotros toda amargura, enojo, ira, gritería y maledicencia, y toda malicia. Antes sed benignos unos con otros, misericordiosos, perdonándoos unos a otros, como Dios también os perdonó a vosotros en Cristo".

EFESIOS 4:31-32

✳ ✳ ✳

"Y si mal os parece servir a Jehová, escogeos hoy a quién sirváis; si a los dioses a quienes sirvieron vuestros padres, cuando estuvieron al otro lado del río, o a los dioses de los amorreos en cuya tierra habitáis; pero yo y mi casa serviremos a Jehová".

JOSUÉ 24:15

Promesas para cuando...
TUS HIJOS TE DESILUSIONAN

Tus hijos son un regalo preciado, y seguramente deseas lo mejor para ellos. Anhelas que crezcan para amar al Señor y tener una vida fructífera. Desafortunadamente, a veces te decepcionarán. Sé paciente con ellos tal como Dios, tu Padre celestial, es paciente contigo. Cuando te desilusionen, el amor que les brindes reflejará el amor de Dios hacia ellos. El amor por tus hijos también te dará la posibilidad de ayudarlos a enfrentar sus errores y las consecuencias que vienen aparejadas. Acude a Dios para obtener sabiduría y guía, mientras buscas disciplinarlos y corregirlos. Recuerda que la meta principal es conducirlos al camino hacia Jesús.

"Como el padre se compadece de los hijos,
Se compadece Jehová de los que le temen.
Porque él conoce nuestra condición;
Se acuerda de que somos polvo.
El hombre, como la hierba son sus días;
Florece como la flor del campo,
Que pasó el viento por ella, y pereció,
Y su lugar no la conocerá más.
Mas la misericordia de Jehová es desde la eternidad
y hasta la eternidad sobre los que le temen,
Y su justicia sobre los hijos de los hijos".

SALMO 103:13-17

❋ ❋ ❋

"Y vosotros, padres, no provoquéis a ira a vuestros
hijos, sino criadlos en disciplina y amonestación
del Señor".

EFESIOS 6:4

"Si dejaren sus hijos mi ley,
Y no anduvieren en mis juicios,
Si profanaren mis estatutos,
Y no guardaren mis mandamientos,
Entonces castigaré con vara su rebelión,
Y con azotes sus iniquidades.
Mas no quitaré de él mi misericordia,
Ni falsearé mi verdad.
No olvidaré mi pacto,
Ni mudaré lo que ha salido de mis labios".

SALMO 89:30-34

"La necedad está ligada en el corazón del muchacho;
Mas la vara de la corrección la alejará de él".

PROVERBIOS 22:15

"Aun el muchacho es conocido por sus hechos,
Si su conducta fuere limpia y recta".

PROVERBIOS 20:11

"Mas tú, Señor, Dios misericordioso y clemente,
Lento para la ira, y grande en misericordia y
*   verdad,*
Mírame, y ten misericordia de mí;
Da tu poder a tu siervo,
Y guarda al hijo de tu sierva".

SALMO 86:15-16

❋ ❋ ❋

"Muchas veces los libró;
Mas ellos se rebelaron contra su consejo,
Y fueron humillados por su maldad.
Con todo, él miraba cuando estaban en angustia,
Y oía su clamor;
Y se acordaba de su pacto con ellos,
Y se arrepentía conforme a la muchedumbre de sus
misericordias".

SALMO 106:43-45

Promesas
para cuando...
TE ABANDONÓ
UN SER QUERIDO

Puede llevar un largo tiempo cultivar y fortalecer la confianza. Sin embargo, esta puede desaparecer en un instante. Quizá estés lidiando con el dolor que te causó alguien que amabas y en quien confiabas pero te abandonó o traicionó. En medio de tu aflicción, recuerda que el Dios de todo consuelo, tu Dios misericordioso, se encuentra a tu lado. Él prometió que nunca te dejará, ni te desamparará. Acude al Padre celestial, descansa en su presencia y cree en su promesa de amarte con amor eterno. Si Dios está a nuestro favor, nadie podrá estar en contra de nosotros.

"Esforzaos y cobrad ánimo; no temáis, ni tengáis miedo de ellos, porque Jehová tu Dios es el que va contigo; no te dejará, ni te desamparará".

DEUTERONOMIO 31:6

❋ ❋ ❋

"Jehová será refugio del pobre,
Refugio para el tiempo de angustia.
En ti confiarán los que conocen tu nombre,
Por cuanto tú, oh Jehová, no desamparaste a los que te buscaron".

SALMO 9:9-10

❋ ❋ ❋

"Cuando estuvieres en angustia, y te alcanzaren todas estas cosas, si en los postreros días te volvieres a Jehová tu Dios, y oyeres su voz; porque Dios misericordioso es Jehová tu Dios; no te dejará, ni te destruirá, ni se olvidará del pacto que les juró a tus padres".

DEUTERONOMIO 4:30-31

"Oye, oh Jehová, mi voz con que a ti clamo...
No escondas tu rostro de mí.
No apartes con ira a tu siervo;
Mi ayuda has sido.
No me dejes ni me desampares, Dios de mi
*   salvación.*
Aunque mi padre y mi madre me dejaran,
Con todo, Jehová me recogerá".

SALMO 27:7, 9-10

�֍ �֍ �֍

"¿Por qué te abates, oh alma mía,
Y por qué te turbas dentro de mí?
Espera en Dios; porque aún he de alabarle,
Salvación mía y Dios mío".

SALMO 43:5

✖ ✖ ✖

"Pues Jehová no desamparará a su pueblo, por su
grande nombre; porque Jehová ha querido haceros
pueblo suyo".

1 SAMUEL 12:22

"Por cuanto en mí ha puesto su amor, yo también lo libraré;
Le pondré en alto, por cuanto ha conocido mi nombre.
Me invocará, y yo le responderé;
Con él estaré yo en la angustia;
Lo libraré y le glorificaré".

SALMO 91:14-15

❋ ❋ ❋

"¿Se olvidará la mujer de lo que dio a luz, para dejar de compadecerse del hijo de su vientre?
Aunque olvide ella, yo nunca me olvidaré de ti.
He aquí que en las palmas de las manos te tengo esculpida; delante de mí están siempre tus muros".

ISAÍAS 49:15-16

❋ ❋ ❋

"Porque no abandonará Jehová a su pueblo,
Ni desamparará su heredad".

SALMO 94:14

Promesas para cuando...

ESTÁS A LA ESPERA DE UNA RESPUESTA DEL SEÑOR

Esperar en el Señor no es tarea fácil. Nuestra tendencia natural y muy humana es querer tener todos los problemas resueltos y las necesidades satisfechas de inmediato. ¿Pensaste acerca del porqué Dios te hace esperar y cuál puede ser su propósito? Tal vez Dios esté intentando captar tu atención, y quiera enseñarte algo acerca de Él, o limar algunas de tus asperezas. El salmista probablemente no se sentía complacido por la espera, pero había aprendido que cuando esperas en el Señor... Él infunde ánimo y aliento en tu corazón (Salmo 27:14). Que esta promesa te aliente a mirar hacia Dios y apoyarte en Él mientras esperas. Recuerda que tu Padre celestial siempre sabe qué es lo mejor para ti y cuándo es el mejor momento para que obtengas la respuesta.

❋ ❋ ❋

"Alma mía, en Dios solamente reposa,
Porque de él es mi esperanza.
El solamente es mi roca y mi salvación.
Es mi refugio, no resbalaré.
En Dios está mi salvación y mi gloria;
En Dios está mi roca fuerte, y mi refugio".

SALMO 62:5-7

❋ ❋ ❋

"Nuestra alma espera a Jehová;
Nuestra ayuda y nuestro escudo es él.
Por tanto, en él se alegrará nuestro corazón,
Porque en su santo nombre hemos confiado.
Sea tu misericordia, oh Jehová, sobre nosotros,
Según esperamos en ti".

SALMO 33:20-22

"Pero los que esperan a Jehová tendrán nuevas fuerzas; levantarán alas como las águilas; correrán, y no se cansarán; caminarán, y no se fatigarán".

Isaías 40:31

"Esperé yo a Jehová, esperó mi alma;
En su palabra he esperado.
Mi alma espera a Jehová
Más que los centinelas a la mañana,
Más que los vigilantes a la mañana".

Salmo 130:5-6

"Aguarda a Jehová;
Esfuérzate, y aliéntese tu corazón;
Sí, espera a Jehová".

Salmo 27:14

"Y se dirá en aquel día: He aquí, éste es nuestro Dios, le hemos esperado, y nos salvará; éste es Jehová a quien hemos esperado, nos gozaremos y nos alegraremos en su salvación".

ISAÍAS 25:9

✳ ✳ ✳

"Porque somos hechos participantes de Cristo, con tal que retengamos firme hasta el fin nuestra confianza del principio".

HEBREOS 3:14

Promesas
para cuando...
LUCHAS PARA
PERDONAR A
ALGUIEN

Cada uno de los mandamientos de Dios es bueno para nosotros. Con claridad Él nos llama a perdonar a las personas (Lucas 17:3-4). Si obedecer a Dios no es razón suficiente para perdonar, debes saber que cuando albergas enojo y resentimiento hacia alguien estás endureciendo tu corazón. Si das lugar a estas emociones, tu corazón puede volverse impenetrable, incluso para el amor de Dios. Una fuente sabia pero anónima alguna vez observó: "No perdonar es como beber veneno y esperar que sea la otra persona la que se muera". Reconoce tus sentimientos, pero al mismo tiempo mira más allá de tus circunstancias hacia tu Dios santo y perdonador. Él puede y quiere ayudarte a perdonar a la persona que te hirió.

* * *

"Vestíos, pues, como escogidos de Dios, santos y amados, de entrañable misericordia, de benignidad, de humildad, de mansedumbre, de paciencia; soportándoos unos a otros, y perdonándoos unos a otros si alguno tuviere queja contra otro. De la manera que Cristo os perdonó, así también hacedlo vosotros. Y sobre todas estas cosas vestíos de amor, que es el vínculo perfecto".

Colosenses 3:12-14

* * *

"Porque si perdonáis a los hombres sus ofensas, os perdonará también a vosotros vuestro Padre celestial; mas si no perdonáis a los hombres sus ofensas, tampoco vuestro Padre os perdonará vuestras ofensas".

Mateo 6:14-15

"Pues conocemos al que dijo: Mía es la venganza, yo daré el pago, dice el Señor. Y otra vez: El Señor juzgará a su pueblo".

HEBREOS 10:30

"Entonces se le acercó Pedro y le dijo: Señor, ¿cuántas veces perdonaré a mi hermano que peque contra mí? ¿Hasta siete? Jesús le dijo: No te digo hasta siete, sino aun hasta setenta veces siete".

MATEO 18:21-22

"... Si tu hermano pecare contra ti, repréndele; y si se arrepintiere, perdónale. Y si siete veces al día pecare contra ti, y siete veces al día volviere a ti, diciendo: Me arrepiento; perdónale".

LUCAS 17:3-4

"Y cuando estéis orando, perdonad, si tenéis algo contra alguno, para que también vuestro Padre que está en los cielos os perdone a vosotros vuestras ofensas. Porque si vosotros no perdonáis, tampoco vuestro Padre que está en los cielos os perdonará vuestras ofensas".

MARCOS 11:25-26

"Bienaventurados los que padecen persecución por causa de la justicia, porque de ellos es el reino de los cielos. Bienaventurados sois cuando por mi causa os vituperen y os persigan, y digan toda clase de mal contra vosotros, mintiendo. Gozaos y alegraos, porque vuestro galardón es grande en los cielos; porque así persiguieron a los profetas que fueron antes de vosotros".

MATEO 5:10-12

Promesas
para cuando...
QUIERES CRECER
ESPIRITUALMENTE

Crecer en tu conocimiento acerca de Cristo Jesús es esencial para tu caminar con Dios. Él anhela que aprendas más de Él, de su Palabra y de su Hijo Jesús, a lo largo de toda tu vida. Pero caminar con Dios y estar lleno de entendimiento y sabiduría solo es posible cuando lees la Palabra de Dios. Conocerlo mejor te ayudará a ser más sensible a su guía. Y al seguirlo todos los días, obedeciendo sus mandamientos y andando en sus caminos, te bendecirá al mismo tiempo que tú lo glorificas a Él. Tu deseo de crecer espiritualmente está totalmente en línea con la voluntad de Dios. Si tú haces tu parte, Él hará la suya.

"... Añadid a vuestra fe virtud; a la virtud, conocimiento; al conocimiento, dominio propio; al dominio propio, paciencia; a la paciencia, piedad; a la piedad, afecto fraternal; y al afecto fraternal, amor. Porque si estas cosas están en vosotros, y abundan, no os dejarán estar ociosos ni sin fruto en cuanto al conocimiento de nuestro Señor Jesucristo".

2 PEDRO 1:5-8

"Antes bien, creced en la gracia y el conocimiento de nuestro Señor y Salvador Jesucristo. A él sea gloria ahora y hasta el día de la eternidad. Amén".

2 PEDRO 3:18

"Desead, como niños recién nacidos, la leche espiritual no adulterada, para que por ella crezcáis para salvación, si es que habéis gustado la benignidad del Señor".

1 PEDRO 2:2-3

"Sé ejemplo de los creyentes en palabra, conducta, amor, espíritu, fe y pureza... Ocúpate en estas cosas; permanece en ellas, para que tu aprovechamiento sea manifiesto a todos. Ten cuidado de ti mismo y de la doctrina; persiste en ello, pues haciendo esto, te salvarás a ti mismo y a los que te oyeren".

1 TIMOTEO 4:12, 15-16

✤ ✤ ✤

"Porque el Señor es el Espíritu; y donde está el Espíritu del Señor, allí hay libertad. Por tanto, nosotros todos, mirando a cara descubierta como en un espejo la gloria del Señor, somos transformados de gloria en gloria en la misma imagen, como por el Espíritu del Señor".

2 CORINTIOS 3:17-18

"Por esta causa doblo mis rodillas ante el Padre de nuestro Señor Jesucristo, de quien toma nombre toda familia en los cielos y en la tierra, para que os dé, conforme a las riquezas de su gloria, el ser fortalecidos con poder en el hombre interior por su Espíritu; para que habite Cristo por la fe en vuestros corazones, a fin de que, arraigados y cimentados en amor, seáis plenamente capaces de comprender con todos los santos cuál sea la anchura, la longitud, la profundidad y la altura, y de conocer el amor de Cristo, que excede a todo conocimiento, para que seáis llenos de toda la plenitud de Dios".

EFESIOS 3:14-19

✳ ✳ ✳

"Procura con diligencia presentarte a Dios aprobado, como obrero que no tiene de qué avergonzarse, que usa bien la palabra de verdad".

2 TIMOTEO 2:15

Promesas
para cuando...
NECESITAS
RENDIRTE A DIOS

¿Pensaste alguna vez en el significado que tiene rendirte completamente a Dios? La palabra *rendirse* sugiere entregar el control de tu vida. Puede que eso asuste un poco. Pero cuando te rindes a Dios, sus bendiciones fluirán en tu vida. De tal manera que cuando te encuentres anhelando cosas materiales o estatus en este mundo, cambia tu forma de pensar. Escoge adorar a Dios, abre tu Biblia o pasa tiempo en oración. Rendirte ante Él es elegir rendir tu corazón, tus pensamientos, cada minuto de tu día. Es una elección que el Señor te ayudará a llevar adelante, y una decisión que Él bendecirá.

"Pero sin fe es imposible agradar a Dios; porque es necesario que el que se acerca a Dios crea que le hay, y que es galardonador de los que le buscan".

HEBREOS 11:6

✿ ✿ ✿

"Así que, hermanos, os ruego por las misericordias de Dios, que presentéis vuestros cuerpos en sacrificio vivo, santo, agradable a Dios, que es vuestro culto racional. No os conforméis a este siglo, sino transformaos por medio de la renovación de vuestro entendimiento, para que comprobéis cuál sea la buena voluntad de Dios, agradable y perfecta".

ROMANOS 12:1-2

✿ ✿ ✿

"Si dejareis a Jehová y sirviereis a dioses ajenos, él se volverá y os hará mal, y os consumirá, después que os ha hecho bien".

JOSUÉ 24:20

*"Todos los llamados de mi nombre; para gloria mía los he creado, los formé y los hice.
Este pueblo he creado para mí; mis alabanzas publicará".*

ISAÍAS 43:7, 21

"Mas la hora viene, y ahora es, cuando los verdaderos adoradores adorarán al Padre en espíritu y en verdad; porque también el Padre tales adoradores busca que le adoren. Dios es Espíritu; y los que le adoran, en espíritu y en verdad es necesario que adoren".

JUAN 4:23-24

"Así que, ofrezcamos siempre a Dios, por medio de él, sacrificio de alabanza, es decir, fruto de labios que confiesan su nombre. Y de hacer bien y de la ayuda mutua no os olvidéis; porque de tales sacrificios se agrada Dios".

HEBREOS 13:15-16

"Vosotros también, como piedras vivas, sed edificados como casa espiritual y sacerdocio santo, para ofrecer sacrificios espirituales aceptables a Dios por medio de Jesucristo... Mas vosotros sois linaje escogido, real sacerdocio, nación santa, pueblo adquirido por Dios, para que anunciéis las virtudes de aquel que os llamó de las tinieblas a su luz admirable".

1 Pedro 2:5, 9

"Exhorto ante todo, a que se hagan rogativas, oraciones, peticiones y acciones de gracias, por todos los hombres... Porque esto es bueno y agradable delante de Dios nuestro Salvador... Quiero, pues, que los hombres oren en todo lugar, levantando manos santas, sin ira ni contienda".

1 Timoteo 2:1, 3, 8

Promesas para cuando...
REQUIERES LA PROTECCIÓN DIVINA

Cuando te sientes atacado por todos los frentes, deja que Dios sea tu refugio. No hay mejor lugar adonde ir que hacia Aquel que prometió ser tu escudo, tu santuario, tu luz y tu fuerza. Clama al Señor en oración y elige descansar en la promesa que asegura que Él te protege. Dios es soberano, la suprema autoridad sobre tu vida, y es todopoderoso, mucho más que cualquier enemigo contra el que te enfrentes. Busca refugio y protección en Él, y descubre hoy y por el resto de tus días que "dichoso es el hombre que confía en el Señor" (Salmo 34:8).

"Jehová es mi luz y mi salvación; ¿de quién temeré?
Jehová es la fortaleza de mi vida; ¿de quién he de
atemorizarme?...
Porque él me esconderá en su tabernáculo en
*   el día del mal;*
Me ocultará en lo reservado de su morada;
Sobre una roca me pondrá en alto".

SALMO 27:1, 5

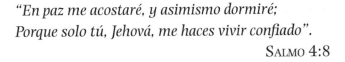

"En paz me acostaré, y asimismo dormiré;
Porque solo tú, Jehová, me haces vivir confiado".

SALMO 4:8

"El temor del hombre pondrá lazo;
Mas el que confía en Jehová será exaltado".

PROVERBIOS 29:25

"El que habita al abrigo del Altísimo
Morará bajo la sombra del Omnipotente.
Diré yo a Jehová: Esperanza mía, y castillo mío;
Mi Dios, en quien confiaré.
Él te librará del lazo del cazador,
De la peste destructora.
Con sus plumas te cubrirá,
Y debajo de sus alas estarás seguro;
Escudo y adarga es su verdad.
No temerás el terror nocturno,
Ni saeta que vuele de día,
Ni pestilencia que ande en oscuridad,
Ni mortandad que en medio del día destruya.
Caerán a tu lado mil,
Y diez mil a tu diestra;
Mas a ti no llegará".

SALMO 91:1-7

"Pero alégrense todos los que en ti confían;
Den voces de júbilo para siempre, porque
*   tú los defiendes;*
En ti se regocijen los que aman tu nombre.
Porque tú, oh Jehová, bendecirás al justo;
Como con un escudo lo rodearás de tu favor".

Salmo 5:11-12

* * *

"El ángel de Jehová acampa alrededor de los
*   que le temen,*
Y los defiende.
Gustad, y ved que es bueno Jehová;
Dichoso el hombre que confía en él".

Salmo 34:7-8

Promesas
para cuando...
ENFRENTAS
DECEPCIÓN
EN LA VIDA

La decepción es parte de la vida, y nadie es inmune a sus efectos. Cuando la vida te traiga decepciones, el mejor descanso que puedes encontrar será en los brazos de tu Padre celestial. Él te provee el consuelo y la comprensión que ninguna otra fuente podrá darte. Y la buena nueva es que prometió salvarte, reanimarte y cumplir sus planes en ti (Salmo 138:8). Es importante reconocer y hacer el duelo por las desilusiones cuando llegan. Como también es importante ir hacia adelante encontrando consuelo en las promesas de Dios llenas de esperanza y gozo, que trascienden este mundo y sus aflicciones. Él siempre está listo para consolarte y alentarte. Insiste en conectarte con Dios y recibir de Él.

❄ ❄ ❄

"En lo cual vosotros os alegráis, aunque ahora por un poco de tiempo, si es necesario, tengáis que ser afligidos en diversas pruebas, para que sometida a prueba vuestra fe, mucho más preciosa que el oro, el cual aunque perecedero se prueba con fuego, sea hallada en alabanza, gloria y honra cuando sea manifestado Jesucristo, a quien amáis sin haberle visto, en quien creyendo, aunque ahora no lo veáis, os alegráis con gozo inefable y glorioso; obteniendo el fin de vuestra fe, que es la salvación de vuestras almas".

1 PEDRO 1:6-9

❄ ❄ ❄

"Estando persuadido de esto, que el que comenzó en vosotros la buena obra, la perfeccionará hasta el día de Jesucristo".

FILIPENSES 1:6

"Que estamos atribulados en todo, mas no angustiados; en apuros, mas no desesperados; perseguidos, mas no desamparados; derribados, pero no destruidos; llevando en el cuerpo siempre por todas partes la muerte de Jesús, para que también la vida de Jesús se manifieste en nuestros cuerpos".

2 Corintios 4:8-10

"El Espíritu mismo da testimonio a nuestro espíritu, de que somos hijos de Dios. Y si hijos, también herederos; herederos de Dios y coherederos con Cristo, si es que padecemos juntamente con él, para que juntamente con él seamos glorificados. Pues tengo por cierto que las aflicciones del tiempo presente no son comparables con la gloria venidera que en nosotros ha de manifestarse".

Romanos 8:16-18

"Cercano está Jehová a los quebrantados
   de corazón;
Y salva a los contritos de espíritu.
Muchas son las aflicciones del justo,
Pero de todas ellas le librará Jehová".

SALMO 34:18-19

✽ ✽ ✽

"Por Jehová son ordenados los pasos del hombre,
Y él aprueba su camino.
Cuando el hombre cayere, no quedará postrado,
Porque Jehová sostiene su mano.
Joven fui, y he envejecido,
Y no he visto justo desamparado,
Ni su descendencia que mendigue pan.
En todo tiempo tiene misericordia, y presta;
Y su descendencia es para bendición".

SALMO 37:23-26

"Jehová cumplirá su propósito en mí;
Tu misericordia, oh Jehová, es para siempre;
No desampares la obra de tus manos".

SALMO 138:8

✳ ✳ ✳

"Porque los montes se moverán, y los collados
temblarán, pero no se apartará de ti mi
misericordia, ni el pacto de mi paz se quebrantará,
dijo Jehová, el que tiene misericordia de ti".

ISAÍAS 54:10

Promesas para cuando...
TE TRAICIONARON

Tal vez nada sea tan devastador como ser traicionado por una persona a quien apreciabas y en quien confiabas. Por una persona que creías que te estimaba también a ti. Debes saber que Jesús (traicionado por Judas, negado por Pedro) te entiende por completo. Él te dará las fuerzas para recuperarte. La llave para eso, por más difícil que sea, está en orar por esa persona y pedirle a Dios que la bendiga. Cuando lo haces (y deberás hacerlo una y otra vez), liberas el enojo y la desilusión que vino de la mano de la traición. La venganza es una respuesta natural, pero no es una respuesta que agrade a Dios.

Tampoco lo es chismear para reunir el apoyo de la gente. Orar siempre es la mejor opción. Permítele al Señor recibir tu dolor y tu enojo, y reemplazarlos con su paz que sobrepasa todo entendimiento.

※ ※ ※

"El amor es sufrido, es benigno; el amor no tiene envidia, el amor no es jactancioso, no se envanece; no hace nada indebido, no busca lo suyo, no se irrita, no guarda rencor... Todo lo sufre, todo lo cree, todo lo espera, todo lo soporta".

1 Corintios 13:4-5, 7

※ ※ ※

"Sed, pues, misericordiosos, como también vuestro Padre es misericordioso. No juzguéis, y no seréis juzgados; no condenéis, y no seréis condenados; perdonad, y seréis perdonados".

Lucas 6:36-37

"Mas tú, Jehová, eres escudo alrededor de mí;
Mi gloria, y el que levanta mi cabeza.
Con mi voz clamé a Jehová,
Y él me respondió desde su monte santo.
Yo me acosté y dormí,
Y desperté, porque Jehová me sustentaba.
No temeré a diez millares de gente,
Que pusieren sitio contra mí".

SALMO 3:3-6

✳ ✳ ✳

"Unánimes entre vosotros; no altivos, sino
asociándoos con los humildes. No seáis sabios
en vuestra propia opinión. No paguéis a nadie
mal por mal; procurad lo bueno delante de todos
los hombres. Si es posible, en cuanto dependa de
vosotros, estad en paz con todos los hombres. No
os venguéis vosotros mismos, amados míos, sino
dejad lugar a la ira de Dios; porque escrito está:
Mía es la venganza, yo pagaré, dice el Señor".

ROMANOS 12:16-19

"Finalmente, sed todos de un mismo sentir,
compasivos, amándoos fraternalmente,
misericordiosos, amigables; no devolviendo mal
por mal, ni maldición por maldición, sino por
el contrario, bendiciendo, sabiendo que fuisteis
llamados para que heredaseis bendición. Porque:
El que quiere amar la vida
Y ver días buenos,
Refrene su lengua de mal,
Y sus labios no hablen engaño;
Apártese del mal, y haga el bien;
Busque la paz, y sígala.
Porque los ojos del Señor están sobre los justos,
Y sus oídos atentos a sus oraciones;
Pero el rostro del Señor está contra aquellos
que hacen el mal".

1 Pedro 3:8-12

Promesas
para cuando...
ESTÁS
ENFRENTANDO
LA REALIDAD
DE ENVEJECER

Darte cuenta de que estás envejeciendo puede ser estremecedor. Después de todo, probablemente, tú aún sientes que tienes dieciocho, o veinticinco, o treinta y cinco años... Pero agradécele al Señor porque estos años son parte de su plan para ti. Escoge celebrar el hecho de que Dios ha moldeado tu vida para bien y para su gloria. Y reconoce ante el Señor que ha prometido que "aun en la vejez darás frutos y te mantendrás sano y vigoroso" (Salmo 92:14). Pídele que te muestre dónde y cómo dar buen fruto y Él te hablará. Puedes, por ejemplo, compartir tu vida con alguien más joven. Ser un mentor representará bendiciones tanto para ti como para los que estén a tu lado. Además, podrás trasmitir tu sabiduría y amor a alguien más.

* * *

"Bendice, alma mía, a Jehová,
Y bendiga todo mi ser su santo nombre.
Bendice, alma mía, a Jehová,
Y no olvides ninguno de sus beneficios.
Él es quien perdona todas tus iniquidades,
El que sana todas tus dolencias;
El que rescata del hoyo tu vida,
El que te corona de favores y misericordias;
El que sacia de bien tu boca
De modo que te rejuvenezcas como el águila".

SALMO 103:1-5

"Porque ninguno de nosotros vive para sí, y ninguno muere para sí. Pues si vivimos, para el Señor vivimos; y si morimos, para el Señor morimos. Así pues, sea que vivamos, o que muramos, del Señor somos".

ROMANOS 14:7-8

❊ ❊ ❊

"El justo florecerá como la palmera;
Crecerá como cedro en el Líbano.
Plantados en la casa de Jehová,
En los atrios de nuestro Dios florecerán.
Aun en la vejez fructificarán;
Estarán vigorosos y verdes,
Para anunciar que Jehová mi fortaleza es recto,
Y que en él no hay injusticia".

SALMO 92:12-15

"Los días de nuestra edad son setenta años;
Y si en los más robustos son ochenta años,
Con todo, su fortaleza es molestia y trabajo,
Porque pronto pasan, y volamos.
Enséñanos de tal modo a contar nuestros días,
Que traigamos al corazón sabiduría.
De mañana sácianos de tu misericordia,
Y cantaremos y nos alegraremos todos
*   nuestros días".*

Salmo 90:10, 12, 14

* * *

"Yo sé que mi Redentor vive,
Y al fin se levantará sobre el polvo;
Y después de deshecha esta mi piel,
En mi carne he de ver a Dios;
Al cual veré por mí mismo,
Y mis ojos lo verán, y no otro,
Aunque mi corazón desfallece dentro de mí".

Job 19:25-27

"Por tanto, no desmayamos; antes, aunque este nuestro hombre exterior se va desgastando, el interior no obstante se renueva de día en día. Porque esta leve tribulación momentánea produce en nosotros un cada vez más excelente y eterno peso de gloria; no mirando nosotros las cosas que se ven, sino las que no se ven; pues las cosas que se ven son temporales, pero las que no se ven son eternas".

2 Corintios 4:16-18

Promesas
para cuando...
QUIERES DARTE
POR VENCIDO

Todos pasamos por momentos en los que las circunstancias son abrumadoras, las personas son difíciles o las relaciones parecen no tener arreglo. Te sientes abatido. Tan solo quieres bajar los brazos Cuando te encuentres en un momento como ese, recuerda que no estás solo. A pesar de lo que te sugieran tus sentimientos, Dios —el único para quien nada es imposible— está contigo y va delante de ti. Tal vez te sientas desanimado, pero Él te dará la fuerza y la sabiduría que necesitas para superar ese preciso momento. También lo hará en la siguiente hora, y en el día que sigue. Dios conoce tus circunstancias, tus heridas y frustraciones. Nunca te dejará enfrentarlas solo. Pídele que te dé fuerzas y descansa en su presencia.

✻ ✻ ✻

"Por tanto, teniendo un gran sumo sacerdote que traspasó los cielos, Jesús el Hijo de Dios, retengamos nuestra profesión. Porque no tenemos un sumo sacerdote que no pueda compadecerse de nuestras debilidades, sino uno que fue tentado en todo según nuestra semejanza, pero sin pecado. Acerquémonos, pues, confiadamente al trono de la gracia, para alcanzar misericordia y hallar gracia para el oportuno socorro".

HEBREOS 4:14-16

✻ ✻ ✻

"No temas, porque yo estoy contigo; no desmayes, porque yo soy tu Dios que te esfuerzo; siempre te ayudaré, siempre te sustentaré con la diestra de mi justicia".

ISAÍAS 41:10

"No lo digo porque tenga escasez, pues he aprendido a contentarme, cualquiera que sea mi situación. Sé vivir humildemente, y sé tener abundancia; en todo y por todo estoy enseñado, así para estar saciado como para tener hambre, así para tener abundancia como para padecer necesidad. Todo lo puedo en Cristo que me fortalece".

FILIPENSES 4:11-13

❊ ❊ ❊

"Mas gracias sean dadas a Dios, que nos da la victoria por medio de nuestro Señor Jesucristo. Así que, hermanos míos amados, estad firmes y constantes, creciendo en la obra del Señor siempre, sabiendo que vuestro trabajo en el Señor no es en vano".

1 CORINTIOS 15:57-58

"Considerad a aquel que sufrió tal contradicción de pecadores contra sí mismo, para que vuestro ánimo no se canse hasta desmayar".

HEBREOS 12:3

✳ ✳ ✳

"He aquí que yo hice al herrero que sopla las ascuas en el fuego, y que saca la herramienta para su obra; y yo he creado al destruidor para destruir. Ninguna arma forjada contra ti prosperará, y condenarás toda lengua que se levante contra ti en juicio. Esta es la herencia de los siervos de Jehová, y su salvación de mí vendrá, dijo Jehová".

ISAÍAS 54:16-17

Promesas para cuando...
NECESITAS PACIENCIA

Tal vez cuando hablamos de momentos en los que requieres paciencia, piensas más en personas que en situaciones. Ya sea que te sientas impaciente con una persona, una prueba o hasta con Dios mismo, recuerda que Él es soberano. Lo que significa que esas personas o situaciones no llegaron a tu vida por casualidad. Cuando menos, te otorgan una oportunidad para mirar hacia Dios y crecer en su gracia. Pídele al Padre celestial que siembre en ti la paciencia que necesitas, Él quiere dártela. Recita una promesa de las Escrituras. Y escoge creer que aquello que está causando tu impaciencia, Dios lo usará para incrementar tu semejanza con Jesús.

"... Tened por sumo gozo cuando os halléis en diversas pruebas, sabiendo que la prueba de vuestra fe produce paciencia. Mas tenga la paciencia su obra completa, para que seáis perfectos y cabales, sin que os falte cosa alguna".

SANTIAGO 1:2-4

"Guarda silencio ante Jehová, y espera en él.
No te alteres con motivo del que prospera en su
*   camino,*
Por el hombre que hace maldades.
Deja la ira, y desecha el enojo;
No te excites en manera alguna a hacer lo malo.
Conoce Jehová los días de los perfectos,
Y la heredad de ellos será para siempre".

SALMO 37:7-8, 18

"*Pues ¿qué gloria es, si pecando sois abofeteados, y lo soportáis? Mas si haciendo lo bueno sufrís, y lo soportáis, esto ciertamente es aprobado delante de Dios. Pues para esto fuisteis llamados; porque también Cristo padeció por nosotros, dejándonos ejemplo, para que sigáis sus pisadas*".

1 Pedro 2:20-21

"*Mira la obra de Dios; porque ¿quién podrá enderezar lo que él torció? En el día del bien goza del bien; y en el día de la adversidad considera. Dios hizo tanto lo uno como lo otro, a fin de que el hombre nada halle después de él*".

Eclesiastés 7:13-14

"... Teniendo en derredor nuestro tan grande nube de testigos, despojémonos de todo peso y del pecado que nos asedia, y corramos con paciencia la carrera que tenemos por delante, puestos los ojos en Jesús, el autor y consumador de la fe, el cual por el gozo puesto delante de él sufrió la cruz, menospreciando el oprobio, y se sentó a la diestra del trono de Dios".

Hebreos 12:1-2

❋ ❋ ❋

"Porque las cosas que se escribieron antes, para nuestra enseñanza se escribieron, a fin de que por la paciencia y la consolación de las Escrituras, tengamos esperanza. Pero el Dios de la paciencia y de la consolación os dé entre vosotros un mismo sentir según Cristo Jesús".

Romanos 15:4-5

Promesas para cuando...
ENFRENTAS UNA CRISIS

De este lado del cielo quizá nunca entiendas por qué Dios permite que pases por ciertos momentos difíciles. Pero intentar entender a Dios y sus motivos es una tarea inútil. Sus caminos no son tus caminos (Isaías 55:8). Pero si de algo puedes estar seguro, es de que Él es todopoderoso, es todo amor, todo sabiduría y todo bondad. Así que, cuando enfrentes una crisis, acude a Él en oración y clama para que te guíe o te conduzca. Tu Dios, todopoderoso, prometió responder a tu clamor. Prometió estar contigo en momentos de lucha. Puedes confiar en sus promesas. En cada una de ellas.

"No temas, porque yo te redimí; te puse nombre, mío eres tú. Cuando pases por las aguas, yo estaré contigo; y si por los ríos, no te anegarán. Cuando pases por el fuego, no te quemarás, ni la llama arderá en ti. Porque yo Jehová, Dios tuyo, el Santo de Israel, soy tu Salvador…".

Isaías 43:1-3

✳ ✳ ✳

"Escucha, oh Jehová, mi oración,
Y está atento a la voz de mis ruegos.
En el día de mi angustia te llamaré,
Porque tú me respondes.
Oh Señor, ninguno hay como tú entre los dioses,
Ni obras que igualen tus obras.
Todas las naciones que hiciste vendrán y adorarán delante de ti, Señor,
Y glorificarán tu nombre.
Porque tú eres grande, y hacedor de maravillas;
Sólo tú eres Dios".

Salmo 86:6-10

"En cuanto a mí, a Dios clamaré;
Y Jehová me salvará.
Tarde y mañana y a mediodía oraré y clamaré,
Y él oirá mi voz".

SALMO 55:16-17

"Echando toda vuestra ansiedad sobre él, porque
él tiene cuidado de vosotros. Sed sobrios, y velad;
porque vuestro adversario el diablo, como león
rugiente, anda alrededor buscando a quien devorar;
al cual resistid firmes en la fe, sabiendo que los
mismos padecimientos se van cumpliendo en
vuestros hermanos en todo el mundo. Mas el Dios
de toda gracia, que nos llamó a su gloria eterna en
Jesucristo, después que hayáis padecido un poco de
tiempo, él mismo os perfeccione, afirme, fortalezca
y establezca".

1 PEDRO 5:7-10

"Busqué a Jehová, y él me oyó,
Y me libró de todos mis temores.
Los que miraron a él fueron alumbrados,
Y sus rostros no fueron avergonzados.
Este pobre clamó, y le oyó Jehová,
Y lo libró de todas sus angustias.
El ángel de Jehová acampa alrededor de los que le
*   temen,*
Y los defiende.
Gustad, y ved que es bueno Jehová;
Dichoso el hombre que confía en él".

SALMO 34:4-8

PROMESAS

de la Biblia acerca de…

Promesas de la Biblia acerca de...
EL PLAN DE DIOS PARA TU VIDA

Tu incapacidad para entender lo que está sucediendo en tu vida ahora y el porqué, no invalida la verdad de que Dios tiene un plan para ti, "para que tengan un futuro lleno de esperanza", como dice Jeremías (29:11). Aférrate a esta promesa. Considérala una promesa de ventura. Camina en su verdad y encomienda tu futuro a Dios. Pregúntale cómo quiere usarte para su gloria, y pídele que te ayude a percibir su guía en tus próximos pasos. Confía en Él cada día para que te infunda coraje para hacer lo que Él te llama a hacer con tu tiempo, tus talentos y tu tesoro. Como cristiano, tu vida no es tuya.

Pertenece a Aquel que te creó y que tiene un plan solo para ti.

❋ ❋ ❋

"Porque yo sé los pensamientos que tengo acerca de vosotros, dice Jehová, pensamientos de paz, y no de mal, para daros el fin que esperáis. Entonces me invocaréis, y vendréis y oraréis a mí, y yo os oiré; y me buscaréis y me hallaréis, porque me buscaréis de todo vuestro corazón".

JEREMÍAS 29:11-13

❋ ❋ ❋

*"Fíate de Jehová de todo tu corazón,
Y no te apoyes en tu propia prudencia.
Reconócelo en todos tus caminos,
Y él enderezará tus veredas".*

PROVERBIOS 3:5-6

"Y todo lo que hagáis, hacedlo de corazón, como para el Señor y no para los hombres; sabiendo que del Señor recibiréis la recompensa de la herencia, porque a Cristo el Señor servís".

COLOSENSES 3:23-24

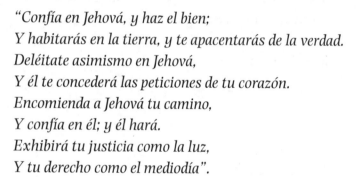

"Confía en Jehová, y haz el bien;
Y habitarás en la tierra, y te apacentarás de la verdad.
Deléitate asimismo en Jehová,
Y él te concederá las peticiones de tu corazón.
Encomienda a Jehová tu camino,
Y confía en él; y él hará.
Exhibirá tu justicia como la luz,
Y tu derecho como el mediodía".

SALMO 37:3-6

"Porque todo el que quiera salvar su vida, la perderá; y todo el que pierda su vida por causa de mí, la hallará".

MATEO 16:25

"... Bienaventurados los que guardan mis caminos.
Atended el consejo, y sed sabios,
Y no lo menospreciéis.
Bienaventurado el hombre que me escucha,
Velando a mis puertas cada día,
Aguardando a los postes de mis puertas.
Porque el que me halle, hallará la vida,
Y alcanzará el favor de Jehová".

PROVERBIOS 8:32-35

"Servid a Jehová con alegría;
Venid ante su presencia con regocijo.
Reconoced que Jehová es Dios;
Él nos hizo, y no nosotros a nosotros mismos;
Pueblo suyo somos, y ovejas de su prado.
Entrad por sus puertas con acción de gracias,
Por sus atrios con alabanza;
Alabadle, bendecid su nombre.
Porque Jehová es bueno; para siempre es su misericordia,
Y su verdad por todas las generaciones".

SALMO 100:2-5

Promesas de la Biblia acerca de...
ORACIONES CONTESTADAS

Qué privilegio increíble, poder ir ante el Creador del universo, el Sustentador de toda vida, y el Autor de la historia, con nuestras preocupaciones, sueños, heridas y deseos. ¡Qué bendición indescriptible el poder orar! Ten presente que Dios prometió escuchar todas tus oraciones y responderlas, porque te ama (Jeremías 33:3). Puede que su respuesta no sea la que tú esperabas, y que no responda de acuerdo con tus tiempos. Sin embargo, una respuesta es lo que el Señor promete, y estará guiada por su sabiduría perfecta y su amor inquebrantable por ti.

"Pedid, y se os dará; buscad, y hallaréis; llamad, y se os abrirá. Porque todo aquel que pide, recibe; y el que busca, halla; y al que llama, se le abrirá".

MATEO 7:7-8

✤ ✤ ✤

"Si tuviereis fe, y no dudareis, no sólo haréis esto de la higuera, sino que si a este monte dijereis: Quítate y échate en el mar, será hecho. Y todo lo que pidiereis en oración, creyendo, lo recibiréis".

MATEO 21:21-22

✤ ✤ ✤

"Otra vez os digo, que si dos de vosotros se pusieren de acuerdo en la tierra acerca de cualquiera cosa que pidieren, les será hecho por mi Padre que está en los cielos. Porque donde están dos o tres congregados en mi nombre, allí estoy yo en medio de ellos".

MATEO 18:19-20

"Porque de cierto os digo que cualquiera que dijere a este monte: Quítate y échate en el mar, y no dudare en su corazón, sino creyere que será hecho lo que dice, lo que diga le será hecho. Por tanto, os digo que todo lo que pidiereis orando, creed que lo recibiréis, y os vendrá".

MARCOS 11:23-24

"... El que en mí cree, las obras que yo hago, él las hará también; y aun mayores hará, porque yo voy al Padre. Y todo lo que pidiereis al Padre en mi nombre, lo haré, para que el Padre sea glorificado en el Hijo. Si algo pidiereis en mi nombre, yo lo haré".

JUAN 14:12-14

"... De cierto, de cierto os digo, que todo cuanto pidiereis al Padre en mi nombre, os lo dará. Hasta ahora nada habéis pedido en mi nombre; pedid, y recibiréis, para que vuestro gozo sea cumplido".

JUAN 16:23-24

"Clama a mí, y yo te responderé, y te enseñaré
cosas grandes y ocultas que tú no conoces".

JEREMÍAS 33:3

✤ ✤ ✤

"Cercano está Jehová a todos los que le invocan,
A todos los que le invocan de veras.
Cumplirá el deseo de los que le temen;
Oirá asimismo el clamor de ellos, y los salvará".

SALMO 145:18-19

✤ ✤ ✤

"Y cuando ores, no seas como los hipócritas;
porque ellos aman el orar en pie en las sinagogas
y en las esquinas de las calles, para ser vistos de
los hombres; de cierto os digo que ya tienen su
recompensa. Mas tú, cuando ores, entra en tu
aposento, y cerrada la puerta, ora a tu Padre que
está en secreto; y tu Padre que ve en lo secreto te
recompensará en público".

MATEO 6:5-6

Promesas de la Biblia acerca de...
LA CONFESIÓN DE LOS PECADOS

Si te duelen las consecuencias de tus pecados, solo hay una manera de estar limpio y sano por completo. Es reconocer y confesar tus pecados a Dios. Si no lo haces, permanecerán en los recovecos de tu corazón y tu alma. El pecado que no es confesado afectará tus pensamientos y tus acciones en maneras que dañarán tu relación con Dios y con las personas. Confesar los pecados no siempre es fácil, pero los resultados son gloriosos y liberadores. El peso del pecado es quitado de inmediato, y el bálsamo divino de perdón y restauración trae un gozo y una paz indescriptibles.

*"Mi pecado te declaré, y no encubrí mi iniquidad.
Dije: Confesaré mis transgresiones a Jehová;
Y tú perdonaste la maldad de mi pecado".*

Salmo 32:5

❋ ❋ ❋

*"Porque como la altura de los cielos sobre la tierra,
Engrandeció su misericordia sobre los que le
  temen.
Cuanto está lejos el oriente del occidente,
Hizo alejar de nosotros nuestras rebeliones".*

Salmo 103:11-12

❋ ❋ ❋

*"El que encubre sus pecados no prosperará;
Mas el que los confiesa y se aparta alcanzará
misericordia".*

Proverbios 28:13

"Si confesares con tu boca que Jesús es el Señor, y creyeres en tu corazón que Dios le levantó de los muertos, serás salvo. Porque con el corazón se cree para justicia, pero con la boca se confiesa para salvación".

Romanos 10:9-10

❋ ❋ ❋

"Y dije: Te ruego, oh Jehová, Dios de los cielos, fuerte, grande y temible, que guarda el pacto y la misericordia a los que le aman y guardan sus mandamientos; esté ahora atento tu oído y abiertos tus ojos para oír la oración de tu siervo, que hago ahora delante de ti día y noche, por los hijos de Israel tus siervos; y confieso los pecados de los hijos de Israel que hemos cometido contra ti; sí, yo y la casa de mi padre hemos pecado. En extremo nos hemos corrompido contra ti, y no hemos guardado los mandamientos, estatutos y preceptos que diste a Moisés tu siervo".

Nehemías 1:5-7

"Así que, hermanos, teniendo libertad para entrar en el Lugar Santísimo por la sangre de Jesucristo... acerquémonos con corazón sincero, en plena certidumbre de fe, purificados los corazones de mala conciencia, y lavados los cuerpos con agua pura".

HEBREOS 10:19, 22

✳ ✳ ✳

"Ten piedad de mí, oh Dios, conforme a tu
    misericordia;
Conforme a la multitud de tus piedades borra mis
    rebeliones.
Lávame más y más de mi maldad,
Y límpiame de mi pecado...
Purifícame con hisopo, y seré limpio;
Lávame, y seré más blanco que la nieve".

SALMO 51:1-2, 7

Promesas de la
Biblia acerca de...
EL PODER DE LA
PALABRA DE DIOS

Entre los muchos privilegios de ser hijo de Dios está la oportunidad de conocer su Palabra y sus promesas. Jesús te dio al Espíritu Santo, para que comprendas las Escrituras y te apropies de su poder, especialmente cuando estás sufriendo. Memorizar la Palabra de Dios y meditar en ella también te permite vivir en su presencia y caminar en su verdad. Ser sensible a su calma, su voz y ser guiado en el camino que Él tiene para ti. Si quieres vivir una relación íntima con tu Padre celestial, aprende su Palabra y medita en ella a lo largo de tus días. Al conocer la Palabra de Dios recibirás un gran poder.

"La ley de Jehová es perfecta, que convierte el alma;
El testimonio de Jehová es fiel, que hace sabio al
sencillo.
Los mandamientos de Jehová son rectos, que
alegran el corazón;
El precepto de Jehová es puro, que alumbra los ojos.
El temor de Jehová es limpio, que permanece para
siempre;
Los juicios de Jehová son verdad, todos justos.
Deseables son más que el oro, y más que mucho oro
afinado;
Y dulces más que miel, y que la que destila del
panal.
Tu siervo es además amonestado con ellos;
En guardarlos hay grande galardón".

Salmo 19:7-11

"Sean gratos los dichos de mi boca y la meditación
de mi corazón delante de ti,
Oh Jehová, roca mía, y redentor mío".

Salmo 19:14

"Porque yo no he hablado por mi propia cuenta; el Padre que me envió, él me dio mandamiento de lo que he de decir, y de lo que he de hablar. Y sé que su mandamiento es vida eterna. Así pues, lo que yo hablo, lo hablo como el Padre me lo ha dicho".

JUAN 12:49-50

❋ ❋ ❋

"Toda la Escritura es inspirada por Dios, y útil para enseñar, para redargüir, para corregir, para instruir en justicia, a fin de que el hombre de Dios sea perfecto, enteramente preparado para toda buena obra".

2 TIMOTEO 3:16-17

❋ ❋ ❋

*"Lámpara es a mis pies tu palabra,
Y lumbrera a mi camino".*

SALMO 119:105

"Así será mi palabra que sale de mi boca; no volverá a mí vacía, sino que hará lo que yo quiero, y será prosperada en aquello para que la envié".

ISAÍAS 55:11

* * *

"Enséñame, oh Jehová, el camino de tus estatutos,
Y lo guardaré hasta el fin.
Dame entendimiento, y guardaré tu ley,
Y la cumpliré de todo corazón.
Guíame por la senda de tus mandamientos,
Porque en ella tengo mi voluntad".

SALMO 119:33-35

Promesas de la Biblia acerca de...
LA IMPORTANCIA DEL COMPAÑERISMO CRISTIANO

Si estás herido, quizá esta afirmación te parezca difícil de creer: "Tú eres importante para otros cristianos, para su fe y su crecimiento en su semejanza con Cristo, y ellos también son importantes para ti". Cuando pasas tiempo con tus hermanos y hermanas en Cristo, aumentas tus fuerzas y encuentras aliento. Compartir tus luchas con ellos resultará en bendiciones de cuidado, compasión y oración. A su vez, tú puedes bendecir a otros de la misma manera. En su Palabra, Dios nos advierte que no descuidemos el tiempo compartido con otros creyentes, tal vez, *especialmente* cuando estamos heridos. Ya

sea que estés del lado del que da o del que recibe, el Señor quiere bendecirte por medio de los
miembros de la familia cristiana.

❊ ❊ ❊

"Y considerémonos unos a otros para
estimularnos al amor y a las buenas obras;
no dejando de congregarnos, como algunos
tienen por costumbre, sino exhortándonos;
y tanto más, cuanto veis que aquel día se acerca".

HEBREOS 10:24-25

❊ ❊ ❊

"Pero el que tiene bienes de este mundo y ve a su
hermano tener necesidad, y cierra contra él su
corazón, ¿cómo mora el amor de Dios en él?...
Hijitos míos, no amemos de palabra ni de lengua,
sino de hecho y en verdad".

1 JUAN 3:17-18

"La palabra de Cristo more en abundancia en vosotros, enseñándoos y exhortándoos unos a otros en toda sabiduría, cantando con gracia en vuestros corazones al Señor con salmos e himnos y cánticos espirituales".

COLOSENSES 3:16

✳ ✳ ✳

"Y andad en amor, como también Cristo nos amó, y se entregó a sí mismo por nosotros, ofrenda y sacrificio a Dios en olor fragante... hablando entre vosotros con salmos, con himnos y cánticos espirituales, cantando y alabando al Señor en vuestros corazones; porque somos miembros de su cuerpo, de su carne y de sus huesos".

EFESIOS 5:2, 19, 30

"Y ya no estoy en el mundo; mas éstos están en el mundo, y yo voy a ti. Padre santo, a los que me has dado, guárdalos en tu nombre, para que sean uno, así como nosotros... para que todos sean uno; como tú, oh Padre, en mí, y yo en ti, que también ellos sean uno en nosotros; para que el mundo crea que tú me enviaste. La gloria que me diste, yo les he dado, para que sean uno, así como nosotros somos uno. Yo en ellos, y tú en mí, para que sean perfectos en unidad, para que el mundo conozca que tú me enviaste, y que los has amado a ellos como también a mí me has amado".

JUAN 17:11, 21-23

❋ ❋ ❋

"Pero el Dios de la paciencia y de la consolación os dé entre vosotros un mismo sentir según Cristo Jesús, para que unánimes, a una voz, glorifiquéis al Dios y Padre de nuestro Señor Jesucristo. Por tanto, recibíos los unos a los otros, como también Cristo nos recibió, para gloria de Dios".

ROMANOS 15:5-7

"Y perseveraban en la doctrina de los apóstoles, en la comunión unos con otros, en el partimiento del pan y en las oraciones... Y perseverando unánimes cada día en el templo, y partiendo el pan en las casas, comían juntos con alegría y sencillez de corazón, alabando a Dios, y teniendo favor con todo el pueblo. Y el Señor añadía cada día a la iglesia los que habían de ser salvos".

HECHOS 2:42, 46-47

Promesas de la Biblia acerca de...
REPRESENTAR A JESÚS

Se dice que tal vez tú seas la única Biblia que algunas personas lleguen a leer. En otras palabras, el reflejo de Jesús en tu vida quizá sea lo más cercano que algunas personas lleguen a conocer del amor de Dios hacia ellos. Aun cuando estás herido, Dios puede usar tu vida. Usará lo que haces, lo que dices y cómo lo dices, para conducir a alguien hacia Él. Cuando te conviertes a Cristo, te vuelves un embajador de Jesús y su Espíritu te permitirá compartir su amor, enseñar acerca de su gracia y perdón, y revelar su bondad. Tú eres un testigo del Señor Jesucristo, la luz de su amor brillará a través de ti para que otros lo vean a Él.

"En esto hemos conocido el amor, en que él puso su vida por nosotros; también nosotros debemos poner nuestras vidas por los hermanos. Pero el que tiene bienes de este mundo y ve a su hermano tener necesidad, y cierra contra él su corazón, ¿cómo mora el amor de Dios en él? Hijitos míos, no amemos de palabra ni de lengua, sino de hecho y en verdad".

1 Juan 3:16-18

✳ ✳ ✳

"Y les dijo: Id por todo el mundo y predicad el evangelio a toda criatura".

Marcos 16:15

✳ ✳ ✳

"Pero recibiréis poder, cuando haya venido sobre vosotros el Espíritu Santo, y me seréis testigos en Jerusalén, en toda Judea, en Samaria, y hasta lo último de la tierra".

Hechos 1:8

"Vosotros sois la sal de la tierra; pero si la sal se desvaneciere, ¿con qué será salada? No sirve más para nada, sino para ser echada fuera y hollada por los hombres. Vosotros sois la luz del mundo; una ciudad asentada sobre un monte no se puede esconder. Ni se enciende una luz y se pone debajo de un almud, sino sobre el candelero, y alumbra a todos los que están en casa. Así alumbre vuestra luz delante de los hombres, para que vean vuestras buenas obras, y glorifiquen a vuestro Padre que está en los cielos".

MATEO 5:13-16

❋ ❋ ❋

"Y si un hermano o una hermana están desnudos, y tienen necesidad del mantenimiento de cada día, y alguno de vosotros les dice: Id en paz, calentaos y saciaos, pero no les dais las cosas que son necesarias para el cuerpo, ¿de qué aprovecha? Así también la fe, si no tiene obras, es muerta en sí misma".

SANTIAGO 2:15-17

"Porque tuve hambre, y me disteis de comer;
tuve sed, y me disteis de beber; fui forastero, y
me recogisteis; estuve desnudo, y me cubristeis;
enfermo, y me visitasteis; en la cárcel, y vinisteis
a mí. Entonces los justos le responderán diciendo:
Señor, ¿cuándo te vimos hambriento, y te
sustentamos, o sediento, y te dimos de beber?
¿Y cuándo te vimos forastero, y te recogimos,
o desnudo, y te cubrimos? ¿O cuándo te vimos
enfermo, o en la cárcel, y vinimos a ti?
Y respondiendo el Rey, les dirá: De cierto os digo
que en cuanto lo hicisteis a uno de estos mis
hermanos más pequeños, a mí lo hicisteis".

MATEO 25:35-40

Promesas de la Biblia acerca de...
LA VOLUNTAD DE DIOS PARA TU VIDA

Los tiempos de dolor pueden generar muchas preguntas acerca de la voluntad de Dios para tu vida. Pero lo esencial siempre es vivir de un modo que agrade y glorifique al Padre celestial y a su Hijo, nuestro Salvador. Y Dios revela mucho sobre qué tipo de vida es esa: Ama a Dios con todo tu corazón (Marcos 12:30); Ama a tu prójimo como a ti mismo (Mateo 22:39); y vive un amor que refleje a Jesús (1 Corintios 13). Dios te ayudará a vivir de acuerdo con estos mandamientos, y su Santo Espíritu te guiará. Descansa en la seguridad de que Dios te fortalecerá mientras genuinamente buscas vivir su voluntad, amarlo y amar a los demás.

"Entonces tus oídos oirán a tus espaldas palabra que diga: Este es el camino, andad por él; y no echéis a la mano derecha, ni tampoco torzáis a la mano izquierda".

Isaías 30:21

"Y si alguno de vosotros tiene falta de sabiduría, pídala a Dios, el cual da a todos abundantemente y sin reproche, y le será dada. Pero pida con fe, no dudando nada; porque el que duda es semejante a la onda del mar, que es arrastrada por el viento y echada de una parte a otra. No piense, pues, quien tal haga, que recibirá cosa alguna del Señor".

Santiago 1:5-7

"[Los mandamientos] te guiarán cuando andes; cuando duermas te guardarán; Hablarán contigo cuando despiertes".

Proverbios 6:22

"Nunca se apartará de tu boca este libro de la ley, sino que de día y de noche meditarás en él, para que guardes y hagas conforme a todo lo que en él está escrito; porque entonces harás prosperar tu camino, y todo te saldrá bien".

JOSUÉ 1:8

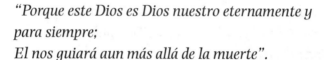

"Porque este Dios es Dios nuestro eternamente y para siempre;
El nos guiará aun más allá de la muerte".

SALMO 48:14

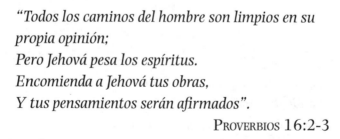

"Todos los caminos del hombre son limpios en su propia opinión;
Pero Jehová pesa los espíritus.
Encomienda a Jehová tus obras,
Y tus pensamientos serán afirmados".

PROVERBIOS 16:2-3

"Por Jehová son ordenados los pasos del hombre,
Y él aprueba su camino".

SALMO 37:23

"Fíate de Jehová de todo tu corazón,
Y no te apoyes en tu propia prudencia.
Reconócelo en todos tus caminos,
Y él enderezará tus veredas".

PROVERBIOS 3:5-6

"Jehová te pastoreará siempre, y en las sequías saciará tu alma, y dará vigor a tus huesos; y serás como huerto de riego, y como manantial de aguas, cuyas aguas nunca faltan".

ISAÍAS 58:11

Promesas de la Biblia acerca de...
EL ESPÍRITU SANTO

Cuando te encuentras lastimado, es fácil sentir que estás peleando tus batallas en soledad. Pero recuerda que Dios envió al Espíritu Santo para que sea tu fiel compañero, tu consuelo y te ayude siempre. Él está contigo en todo momento. Dios envió al que es el Espíritu de Verdad, para revelarte lo que debes saber acerca de Dios y recordarte lo que desea que sepas en todo momento de tu vida. Dios quiere que sientas su presencia a cada paso del camino.

Pídele al Señor que te ayude a ser sensible a los delicados estímulos del Espíritu Santo en tu vida. Puedes confiar en que su Espíritu te traerá consuelo y te guiará por un camino lleno de gozo.

"Mas el Consolador, el Espíritu Santo, a quien el Padre enviará en mi nombre, él os enseñará todas las cosas, y os recordará todo lo que yo os he dicho".

Juan 14:26

"¿O ignoráis que vuestro cuerpo es templo del Espíritu Santo, el cual está en vosotros, el cual tenéis de Dios, y que no sois vuestros? Porque habéis sido comprados por precio; glorificad, pues, a Dios en vuestro cuerpo y en vuestro espíritu, los cuales son de Dios".

1 Corintios 6:19-20

"Y después de esto derramaré mi Espíritu sobre toda carne…".

JOEL 2:28

❃ ❃ ❃

"Y yo rogaré al Padre, y os dará otro Consolador, para que esté con vosotros para siempre: el Espíritu de verdad, al cual el mundo no puede recibir, porque no le ve, ni le conoce; pero vosotros le conocéis, porque mora con vosotros, y estará en vosotros".

JUAN 14:16-17

❃ ❃ ❃

"Pero cuando venga el Espíritu de verdad, él os guiará a toda la verdad; porque no hablará por su propia cuenta, sino que hablará todo lo que oyere, y os hará saber las cosas que habrán de venir. El me glorificará; porque tomará de lo mío, y os lo hará saber".

JUAN 16:13-14

"Y estando juntos, les mandó que no se fueran de Jerusalén, sino que esperasen la promesa del Padre, la cual, les dijo, oísteis de mí. Porque Juan ciertamente bautizó con agua, mas vosotros seréis bautizados con el Espíritu Santo dentro de no muchos días… pero recibiréis poder, cuando haya venido sobre vosotros el Espíritu Santo, y me seréis testigos en Jerusalén, en toda Judea, en Samaria, y hasta lo último de la tierra".

HECHOS 1:4-5, 8

Promesas de la Biblia acerca de...
LA EDIFICACIÓN DE TU FE

Para desarrollar tu fe, Dios quiere usar este momento difícil en tu vida. Al igual que con un músculo, cuanto más ejerces la fe, más fuerte se vuelve. Los tiempos difíciles de la vida, con seguridad, te dan esa oportunidad.

La fe también se incrementa cuando haces lo que Dios te manda hacer. Rendir el control de tu vida se vuelve más fácil a medida que tu fe en Jesús crece. Puedes edificarla al obedecer y observar la respuesta del Señor a tu obediencia. De manera que desarrolla el hábito de recurrir a Cristo cuando enfrentes decisiones difíciles o circunstancias desafiantes. Él oirá tus plegarias.

Te dará la habilidad de cumplir con lo que te pide, y luego usará esa experiencia para aumentar tu fe. Dios realmente recompensa a los que lo buscan (Hebreos 11:6).

✳ ✳ ✳

"Es, pues, la fe la certeza de lo que se espera, la convicción de lo que no se ve... Por la fe entendemos haber sido constituido el universo por la palabra de Dios, de modo que lo que se ve fue hecho de lo que no se veía... Pero sin fe es imposible agradar a Dios; porque es necesario que el que se acerca a Dios crea que le hay, y que es galardonador de los que le buscan".

HEBREOS 11:1, 3, 6

✳ ✳ ✳

"Así que la fe es por el oír, y el oír, por la palabra de Dios".

ROMANOS 10:17

"Pero Dios, que es rico en misericordia, por su gran amor con que nos amó, aun estando nosotros muertos en pecados, nos dio vida juntamente con Cristo (por gracia sois salvos), y juntamente con él nos resucitó, y asimismo nos hizo sentar en los lugares celestiales con Cristo Jesús".

EFESIOS 2:4-6

"Digo, pues, por la gracia que me es dada, a cada cual que está entre vosotros, que no tenga más alto concepto de sí que el que debe tener, sino que piense de sí con cordura, conforme a la medida de fe que Dios repartió a cada uno".

ROMANOS 12:3

"Porque en el evangelio la justicia de Dios se revela por fe y para fe, como está escrito: Mas el justo por la fe vivirá".

ROMANOS 1:17

"Y he aquí una mujer enferma de flujo de sangre desde hacía doce años, se le acercó por detrás y tocó el borde de su manto; porque decía dentro de sí: Si tocare solamente su manto, seré salva. Pero Jesús, volviéndose y mirándola, dijo: Ten ánimo, hija; tu fe te ha salvado. Y la mujer fue salva desde aquella hora".

MATEO 9:20-22

❋ ❋ ❋

"En lo cual vosotros os alegráis, aunque ahora por un poco de tiempo, si es necesario, tengáis que ser afligidos en diversas pruebas, para que sometida a prueba vuestra fe, mucho más preciosa que el oro, el cual aunque perecedero se prueba con fuego, sea hallada en alabanza, gloria y honra cuando sea manifestado Jesucristo, a quien amáis sin haberle visto, en quien creyendo, aunque ahora no lo veáis, os alegráis con gozo inefable y glorioso; obteniendo el fin de vuestra fe, que es la salvación de vuestras almas".

1 PEDRO 1:6-9

Promesas de la Biblia acerca de...
LA LIBERTAD QUE VIENE CON EL PERDÓN DE DIOS

Quizá tu dolor esté arraigado en la lucha contra el pecado. Entonces las palabras del apóstol Pablo pueden ser útiles en este momento: "en mi naturaleza humana, no habita el bien; porque el desear el bien está en mí, pero no el hacerlo" (Romanos 7:18). Ten en cuenta que Jesús, por medio de su victoria en la Cruz, te ofrece el perdón (1 Juan 1:9). Su Espíritu es quien te transforma y te hace cada día más semejante a Cristo. Por esta razón, no pierdas la esperanza de cambiar tus caminos de pecado. Cuando Dios perdona tus pecados y te encuentras fortalecido por el Espíritu Santo, puedes vivir una vida de libertad y audacia, que conduzca a la gente a Jesús.

✻ ✻ ✻

"Ahora, pues, ninguna condenación hay para los que están en Cristo Jesús, los que no andan conforme a la carne, sino conforme al Espíritu. Porque la ley del Espíritu de vida en Cristo Jesús me ha librado de la ley del pecado y de la muerte".

ROMANOS 8:1-2

✻ ✻ ✻

"Porque vosotros, hermanos, a libertad fuisteis llamados; solamente que no uséis la libertad como ocasión para la carne, sino servíos por amor los unos a los otros".

GÁLATAS 5:13

"Porque todo el que quiera salvar su vida, la perderá; y todo el que pierda su vida por causa de mí, la hallará. Porque ¿qué aprovechará al hombre, si ganare todo el mundo, y perdiere su alma? ¿O qué recompensa dará el hombre por su alma?"

GÁLATAS 16:25-26

✳ ✳ ✳

"Mas el que mira atentamente en la perfecta ley, la de la libertad, y persevera en ella, no siendo oidor olvidadizo, sino hacedor de la obra, éste será bienaventurado en lo que hace".

SANTIAGO 1:25

✳ ✳ ✳

"Dijo entonces Jesús a los judíos que habían creído en él: Si vosotros permaneciereis en mi palabra, seréis verdaderamente mis discípulos; y conoceréis la verdad, y la verdad os hará libres… Así que, si el Hijo os libertare, seréis verdaderamente libres".

JUAN 8:31-32, 36

"Venid a mí todos los que estáis trabajados y cargados, y yo os haré descansar. Llevad mi yugo sobre vosotros, y aprended de mí, que soy manso y humilde de corazón; y hallaréis descanso para vuestras almas; porque mi yugo es fácil, y ligera mi carga".

MATEO 11:28-30

❋ ❋ ❋

"Estad, pues, firmes en la libertad con que Cristo nos hizo libres, y no estéis otra vez sujetos al yugo de esclavitud".

GÁLATAS 5:1

❋ ❋ ❋

"Por cuanto todos pecaron, y están destituidos de la gloria de Dios, siendo justificados gratuitamente por su gracia, mediante la redención que es en Cristo Jesús".

ROMANOS 3:23-24

Promesas de la Biblia acerca de...
LA IMPORTANCIA DE OBEDECER A DIOS

Muchas veces sufrimos a causa de un fracaso a la hora de obedecer a Dios, tanto por un fracaso propio o ajeno. Cuando recibes a Jesús como tu Salvador y haces de Dios tu prioridad en la vida, estás declarando que vas a obedecerlo e intentar complacerlo en todo lo que hagas y digas. Aquella obediencia demuestra, con claridad, tu amor y respeto por Él (Juan 14:21). Esta es también la manera de descubrir el gozo de Dios y que Él se deleita en ti.

Obedecer a Dios nos conduce a un camino de paz. Además, elimina la barrera que levantó el pecado entre Él y nosotros, tu obediencia te permitirá vivir cada momento en su bendita presencia.

✽ ✽ ✽

"Si me amáis, guardad mis mandamientos...
El que tiene mis mandamientos, y los guarda, ése
es el que me ama; y el que me ama, será amado por
mi Padre, y yo le amaré, y me manifestaré a él".

JUAN 14:15-21

✽ ✽ ✽

"He aquí yo pongo hoy delante de vosotros la
bendición y la maldición: la bendición, si oyereis
los mandamientos de Jehová vuestro Dios, que
yo os prescribo hoy, y la maldición, si no oyereis
los mandamientos de Jehová vuestro Dios, y os
apartareis del camino que yo os ordeno hoy, para ir
en pos de dioses ajenos que no habéis conocido".

DEUTERONOMIO 11:26-28

"Mas esto les mandé, diciendo: Escuchad mi voz, y seré a vosotros por Dios, y vosotros me seréis por pueblo; y andad en todo camino que os mande, para que os vaya bien".

Jeremías 7:23

* * *

"Así que, después que [Jesús] les hubo lavado los pies, tomó su manto, volvió a la mesa, y les dijo: ¿Sabéis lo que os he hecho? Vosotros me llamáis Maestro, y Señor; y decís bien, porque lo soy. Pues si yo, el Señor y el Maestro, he lavado vuestros pies, vosotros también debéis lavaros los pies los unos a los otros. Porque ejemplo os he dado, para que como yo os he hecho, vosotros también hagáis. De cierto, de cierto os digo: El siervo no es mayor que su señor, ni el enviado es mayor que el que le envió. Si sabéis estas cosas, bienaventurados seréis si las hiciereis".

Juan 13:12-17

"Y en esto sabemos que nosotros le conocemos, si guardamos sus mandamientos. El que dice: Yo le conozco, y no guarda sus mandamientos, el tal es mentiroso, y la verdad no está en él; pero el que guarda su palabra, en éste verdaderamente el amor de Dios se ha perfeccionado; por esto sabemos que estamos en él. El que dice que permanece en él, debe andar como él anduvo".

1 Juan 2:3-6

❋ ❋ ❋

"Y si anduvieres en mis caminos, guardando mis estatutos y mis mandamientos, como anduvo David tu padre, yo alargaré tus días".

1 Reyes 3:14

❋ ❋ ❋

"Enséñame a hacer tu voluntad, porque tú eres mi Dios;
Tu buen espíritu me guíe a tierra de rectitud".

Salmo 143:10

Promesas de la Biblia acerca de...
MANTENER TUS OJOS EN JESÚS

Cuando eliges vivir una vida con Jesús como tu Señor y Salvador, verás bendiciones que no puedes siquiera imaginar. Considera la fortuna de estar en relación con el santo y poderoso Dios de toda la creación. La bendición de poder servirle, lo que abre paso a la abundancia de gozo y propósito. Los seguidores de Jesús también son beneficiados por su santo regalo, el Espíritu Santo, quien te consuela, te enseña, te guía y siempre te acompaña. El mundo ofrece infinidad de distracciones, voces ensordecedoras, placeres efímeros y dolores desgarradores. Mas el Espíritu te ayudará a mantener tus ojos en Cristo y así poder experimentar la riqueza de caminar por la vida con Él y para Él.

"... Despojémonos de todo peso y del pecado que nos asedia, y corramos con paciencia la carrera que tenemos por delante, puestos los ojos en Jesús, el autor y consumador de la fe, el cual por el gozo puesto delante de él sufrió la cruz, menospreciando el oprobio, y se sentó a la diestra del trono de Dios".

HEBREOS 12:1-2

"Y todo lo que hacéis, sea de palabra o de hecho, hacedlo todo en el nombre del Señor Jesús, dando gracias a Dios Padre por medio de él".

COLOSENSES 3:17

"Yo amo a los que me aman,
Y me hallan los que temprano me buscan".

PROVERBIOS 8:17

✼ ✼ ✼

"Buscad a Jehová y su poder;
Buscad su rostro continuamente.
Haced memoria de las maravillas que ha
hecho,
De sus prodigios, y de los juicios de su boca".

1 CRÓNICAS 16:11-12

✼ ✼ ✼

"En ti, oh Jehová, me he refugiado;
No sea yo avergonzado jamás...
Porque tú, oh Señor Jehová, eres mi esperanza,
Seguridad mía desde mi juventud...
Sea llena mi boca de tu alabanza,
De tu gloria todo el día".

SALMO 71:1, 5, 8

"Vosotros sois mis amigos, si hacéis lo que yo os mando. Ya no os llamaré siervos, porque el siervo no sabe lo que hace su señor; pero os he llamado amigos, porque todas las cosas que oí de mi Padre, os las he dado a conocer. No me elegisteis vosotros a mí, sino que yo os elegí a vosotros, y os he puesto para que vayáis y llevéis fruto, y vuestro fruto permanezca; para que todo lo que pidiereis al Padre en mi nombre, él os lo dé".

JUAN 15:14-16

�֍ ✤ ✤

"Y decía a todos: Si alguno quiere venir en pos de mí, niéguese a sí mismo, tome su cruz cada día, y sígame. Porque todo el que quiera salvar su vida, la perderá; y todo el que pierda su vida por causa de mí, éste la salvará. Pues ¿qué aprovecha al hombre, si gana todo el mundo, y se destruye o se pierde a sí mismo?"

LUCAS 9:23-25

Promesas de la Biblia acerca de...
SALUD ESPIRITUAL

Ser humano significa que por momentos tropezarás en lo espiritual. Significa pecar aun cuando no quieres hacerlo. Pero no debes quedarte atascado en la culpa y ese estado de pecado. En cambio, puedes ir a Dios y recibir su perdón. Él quiere recibirte de nuevo y volver a tener una relación cercana contigo. Tú, que declaraste a Jesús como tu Señor, puedes encontrar en Él un Salvador que está dispuesto a levantarte, perdonar tu pecado y limpiarte de toda maldad (1 Juan 1:9). Dios es bueno, anhela perdonarte, y su gracia abunda para todo pecador que lo invoque. Nunca dudes en volverte a tu Santo Padre. Confiesa tu pecado con humildad, recibe su perdón y disfruta de una relación restaurada con Él.

✳ ✳ ✳

"Porque tú, Señor, eres bueno y perdonador,
Y grande en misericordia para con todos los que te
invocan.
Escucha, oh Jehová, mi oración,
Y está atento a la voz de mis ruegos.
En el día de mi angustia te llamaré,
Porque tú me respondes".

SALMO 86:5-7

✳ ✳ ✳

"... Pero una cosa hago: olvidando ciertamente lo
que queda atrás, y extendiéndome a lo que está
delante, prosigo a la meta, al premio del supremo
llamamiento de Dios en Cristo Jesús".

FILIPENSES 3:13-14

"El que encubre sus pecados no prosperará;
Mas el que los confiesa y se aparta alcanzará
misericordia".

PROVERBIOS 28:13

✳ ✳ ✳

"¿No has sabido, no has oído que el Dios eterno
es Jehová, el cual creó los confines de la tierra?
No desfallece, ni se fatiga con cansancio, y su
entendimiento no hay quien lo alcance. El da
esfuerzo al cansado, y multiplica las fuerzas al
que no tiene ningunas... pero los que esperan a
Jehová tendrán nuevas fuerzas; levantarán alas
como las águilas; correrán, y no se cansarán;
caminarán, y no se fatigarán".

ISAÍAS 40:28-29, 31

*"Yo buscaré la perdida, y haré volver al redil
la descarriada; vendaré la perniquebrada, y
fortaleceré la débil; mas a la engordada y a la fuerte
destruiré; las apacentaré con justicia... Y sabrán
que yo Jehová su Dios estoy con ellos, y ellos son
mi pueblo, la casa de Israel, dice Jehová el Señor.
Y vosotras, ovejas mías, ovejas de mi pasto,
hombres sois, y yo vuestro Dios, dice Jehová
el Señor".*

EZEQUIEL 34:16, 30-31

Promesas de la Biblia acerca de...
MANTENER UNA VIDA DE ORACIÓN EFECTIVA

Sea cual sea la fuente de tu dolor, sé abierto y franco con tu Padre celestial. Después de todo, tener una conversación constante y sincera con Dios a lo largo del día es una bendición y un privilegio de la vida cristiana. Puedes acercarte en oración a Aquel que te ama sin condiciones, y recibir todo el consuelo y aliento que necesitas. Dios oirá tus oraciones y las contestará. Responderá con sabiduría y amor, para tu bien y en su tiempo perfecto. Y con gusto caminará a tu lado en la vida y hablará contigo a cada paso del camino. Él será tu guía, tu consuelo, tu protector, tu proveedor, tu pastor y tu amigo.

"Por nada estéis afanosos, sino sean conocidas vuestras peticiones delante de Dios en toda oración y ruego, con acción de gracias. Y la paz de Dios, que sobrepasa todo entendimiento, guardará vuestros corazones y vuestros pensamientos en Cristo Jesús".

Filipenses 4:6-7

"Escucha, oh Jehová, mi oración,
Y está atento a la voz de mis ruegos.
En el día de mi angustia te llamaré,
Porque tú me respondes".

Salmo 86:6-7

"Acerquémonos, pues, confiadamente al trono de la gracia, para alcanzar misericordia y hallar gracia para el oportuno socorro".

Hebreos 4:16

"De cierto os digo que todo lo que atéis en la tierra, será atado en el cielo; y todo lo que desatéis en la tierra, será desatado en el cielo. Otra vez os digo, que si dos de vosotros se pusieren de acuerdo en la tierra acerca de cualquiera cosa que pidieren, les será hecho por mi Padre que está en los cielos".

MATEO 18:18-19

✳ ✳ ✳

"Por tanto, tomad toda la armadura de Dios, para que podáis resistir en el día malo, y habiendo acabado todo, estar firmes. Estad, pues, firmes, ceñidos vuestros lomos con la verdad, y vestidos con la coraza de justicia, y calzados los pies con el apresto del evangelio de la paz. Sobre todo, tomad el escudo de la fe, con que podáis apagar todos los dardos de fuego del maligno. Y tomad el yelmo de la salvación, y la espada del Espíritu, que es la palabra de Dios; orando en todo tiempo con toda oración y súplica en el Espíritu, y velando en ello con toda perseverancia y súplica por todos los santos".

EFESIOS 6:13-18

"... La oración eficaz del justo puede mucho".

SANTIAGO 5:16

* * *

"Y yo os digo: Pedid, y se os dará; buscad, y hallaréis; llamad, y se os abrirá".

LUCAS 11:9

* * *

"Y cuando ores, no seas como los hipócritas; porque ellos aman el orar en pie en las sinagogas y en las esquinas de las calles, para ser vistos de los hombres; de cierto os digo que ya tienen su recompensa. Mas tú, cuando ores, entra en tu aposento, y cerrada la puerta, ora a tu Padre que está en secreto; y tu Padre que ve en lo secreto te recompensará en público".

MATEO 6:5-6

Promesas de la Biblia acerca de...
LA SUFICIENCIA DE JESÚS

Hace quinientos años, san Agustín observó que en cada corazón humano hay "un hueco con la forma de Dios". Ese hueco existe porque nada ni nadie excepto Jesús puede satisfacer tu deseo de amor, tu búsqueda de propósito, tu esperanza de sentirte lleno. Cuando adviertes esta verdad, cuando notas que el hueco en tu corazón con forma de Dios puede estar contribuyendo al dolor que sientes hoy, la vida se vuelve más simple: te enfocas en el Señor. Cuando abres tu corazón y tu vida a Dios, Él te fortalece para vivir cada momento para su gloria. Mientras camines cada día con Jesús, lo verás proveerte de todo lo que necesitas.

"Y poderoso es Dios para hacer que abunde en vosotros toda gracia, a fin de que, teniendo siempre en todas las cosas todo lo suficiente, abundéis para toda buena obra".

2 CORINTIOS 9:8

❀ ❀ ❀

"Jesús les dijo: Yo soy el pan de vida; el que a mí viene, nunca tendrá hambre; y el que en mí cree, no tendrá sed jamás".

JUAN 6:35

❀ ❀ ❀

"Sean vuestras costumbres sin avaricia, contentos con lo que tenéis ahora; porque él dijo: No te desampararé, ni te dejaré; de manera que podemos decir confiadamente:

El Señor es mi ayudador; no temeré
Lo que me pueda hacer el hombre...

Jesucristo es el mismo ayer, y hoy, y por los siglos".

HEBREOS 13:5-6, 8

"Por tanto, teniendo un gran sumo sacerdote que traspasó los cielos, Jesús el Hijo de Dios, retengamos nuestra profesión. Porque no tenemos un sumo sacerdote que no pueda compadecerse de nuestras debilidades, sino uno que fue tentado en todo según nuestra semejanza, pero sin pecado. Acerquémonos, pues, confiadamente al trono de la gracia, para alcanzar misericordia y hallar gracia para el oportuno socorro".

HEBREOS 4:14-16

"Y me ha dicho [Jesús a Pablo]: Bástate mi gracia; porque mi poder se perfecciona en la debilidad. Por tanto, de buena gana me gloriaré más bien en mis debilidades, para que repose sobre mí el poder de Cristo".

2 CORINTIOS 12:9

"Todo lo puedo en Cristo que me fortalece".

FILIPENSES 4:13

"Porque en él habita corporalmente toda la plenitud de la Deidad, y vosotros estáis completos en él, que es la cabeza de todo principado y potestad".

COLOSENSES 2:9-10

"Y Jesús se acercó y les habló diciendo: Toda potestad me es dada en el cielo y en la tierra. Por tanto, id, y haced discípulos a todas las naciones, bautizándolos en el nombre del Padre, y del Hijo, y del Espíritu Santo; enseñándoles que guarden todas las cosas que os he mandado; y he aquí yo estoy con vosotros todos los días, hasta el fin del mundo. Amén".

MATEO 28:18-20

"Mi socorro viene de Jehová, Que hizo los cielos y la tierra. No dará tu pie al resbaladero, Ni se dormirá el que te guarda".

SALMO 121:2-3

Promesas de la Biblia acerca de...
LA GRACIA DE DIOS

Cualquiera que sea la causa de la herida que experimentaste, puedes estar seguro de que la gracia de Dios puede brindarte paz, esperanza y salud. La definición de *gracia* es "favor inmerecido". Está allí para todas y cada una de las cosas que viviste. Algo hermoso de la gracia es que Dios no la aparta de ti cuando tambaleas y caes. Por el contrario, te toma con delicadeza y te da fuerzas para dar el siguiente paso. Siempre puedes encontrar en su trono de gracia la ayuda que necesitas. Puedes correr al Señor en tiempos de lucha, cuando tu corazón esté afligido, en las encrucijadas de la vida e incluso en la noche más oscura. Él te está esperando con los brazos abiertos.

"Porque sol y escudo es Jehová Dios;
Gracia y gloria dará Jehová.
No quitará el bien a los que andan en integridad.
Jehová de los ejércitos,
Dichoso el hombre que en ti confía".

SALMO 84:11-12

"Sabiendo que el que resucitó al Señor Jesús, a
nosotros también nos resucitará con Jesús, y nos
presentará juntamente con vosotros. Porque todas
estas cosas padecemos por amor a vosotros, para
que abundando la gracia por medio de muchos, la
acción de gracias sobreabunde para gloria de Dios".

2 CORINTIOS 4:14-15

"El que ama la limpieza de corazón,
Por la gracia de sus labios tendrá la amistad del rey".

PROVERBIOS 22:11

✳ ✳ ✳

"Bendito sea el Dios y Padre de nuestro Señor
Jesucristo, que nos bendijo con toda bendición
espiritual en los lugares celestiales en Cristo, según
nos escogió en él antes de la fundación del mundo,
para que fuésemos santos y sin mancha delante
de él, en amor habiéndonos predestinado para ser
adoptados hijos suyos por medio de Jesucristo, según
el puro afecto de su voluntad, para alabanza de la
gloria de su gracia, con la cual nos hizo aceptos en el
Amado".

EFESIOS 1:3-6

✳ ✳ ✳

"Pues la ley por medio de Moisés fue dada, pero la
gracia y la verdad vinieron por medio de Jesucristo".

JUAN 1:17

"Por cuanto todos pecaron, y están destituidos de la gloria de Dios, siendo justificados gratuitamente por su gracia, mediante la redención que es en Cristo Jesús, a quien Dios puso como propiciación por medio de la fe en su sangre, para manifestar su justicia, a causa de haber pasado por alto, en su paciencia, los pecados pasados, con la mira de manifestar en este tiempo su justicia, a fin de que él sea el justo, y el que justifica al que es de la fe de Jesús".

ROMANOS 3:23-26

"Porque por gracia sois salvos por medio de la fe; y esto no de vosotros, pues es don de Dios; no por obras, para que nadie se gloríe".

EFESIOS 2:8-9

"Pero el don no fue como la transgresión; porque si por la transgresión de aquel uno murieron los muchos, abundaron mucho más para los muchos la gracia y el don de Dios por la gracia de un hombre, Jesucristo... Pues si por la transgresión de uno solo reinó la muerte, mucho más reinarán en vida por uno solo, Jesucristo, los que reciben la abundancia de la gracia y del don de la justicia".

ROMANOS 5:15, 17

Promesas de la Biblia acerca de...
EL AMOR DE DIOS

Los momentos difíciles de la vida, sumados a los susurros del enemigo, pueden hacerte dudar del amor que Dios siente por ti. En tiempos como estos, mantén tus ojos puestos en la Cruz. Jesús dio su vida para que conozcas el perdón de tus pecados y la vida eterna con Él. El amor evidente en aquella Cruz es indescriptible, inmensurable y completamente inquebrantable: "Por lo cual estoy seguro de que ni la muerte, ni la vida, ni los ángeles, ni los principados, ni las potestades, ni lo presente, ni lo por venir, ni lo alto, ni lo profundo, ni ninguna otra cosa creada nos podrá separar del amor que Dios nos ha mostrado en Cristo Jesús nuestro Señor" (Romanos 8:38-39). Esta es una promesa para ti. Dios, el generador de las promesas, no se olvida de ellas, sino que las cumple todas.

"Porque de tal manera amó Dios al mundo, que ha dado a su Hijo unigénito, para que todo aquel que en él cree, no se pierda, mas tenga vida eterna".

JUAN 3:16

"Mirad cuál amor nos ha dado el Padre, para que seamos llamados hijos de Dios; por esto el mundo no nos conoce, porque no le conoció a él".

1 JUAN 3:1

"En esto consiste el amor: no en que nosotros hayamos amado a Dios, sino en que él nos amó a nosotros, y envió a su Hijo en propiciación por nuestros pecados. Amados, si Dios nos ha amado así, debemos también nosotros amarnos unos a otros. Nadie ha visto jamás a Dios. Si nos amamos unos a otros, Dios permanece en nosotros, y su amor se ha perfeccionado en nosotros".

1 Juan 4:10-12

❋ ❋ ❋

"... Con diligencia cuidéis de cumplir el mandamiento y la ley que Moisés siervo de Jehová os ordenó: que améis a Jehová vuestro Dios, y andéis en todos sus caminos; que guardéis sus mandamientos, y le sigáis a él, y le sirváis de todo vuestro corazón y de toda vuestra alma".

Josué 22:5

"Como el Padre me ha amado, así también yo os he amado; permaneced en mi amor. Si guardareis mis mandamientos, permaneceréis en mi amor; así como yo he guardado los mandamientos de mi Padre, y permanezco en su amor".

JUAN 15:9-10

"Jehová se manifestó a mí hace ya mucho tiempo, diciendo: Con amor eterno te he amado; por tanto, te prolongué mi misericordia".

JEREMÍAS 31:3

"Por lo cual estoy seguro de que ni la muerte, ni la vida, ni ángeles, ni principados, ni potestades, ni lo presente, ni lo por venir, ni lo alto, ni lo profundo, ni ninguna otra cosa creada nos podrá separar del amor de Dios, que es en Cristo Jesús Señor nuestro".

ROMANOS 8:38-39

"Un mandamiento nuevo os doy: Que os améis unos a otros; como yo os he amado, que también os améis unos a otros. En esto conocerán todos que sois mis discípulos, si tuviereis amor los unos con los otros".

JUAN 13:34-35

"Amados, amémonos unos a otros; porque el amor es de Dios. Todo aquel que ama, es nacido de Dios, y conoce a Dios. El que no ama, no ha conocido a Dios; porque Dios es amor".

1 JUAN 4:7-8

PROMESAS

sobre el amor de Dios

por ti que…

Promesas sobre el amor de Dios por ti que...
TRAE SALUD

Tiene sentido que el Dios que te creó también pueda sanarte física, mental, emocional y espiritualmente; tu Creador es también tu Gran Médico. Agradece al Señor por su poder de salud. No dudes en pedirle su toque sanador cuando estás sufriendo. Cualquiera que sea la fuente y el lugar de tu dolor, ya sea que estés enfermo físicamente, desconsolado por una relación que te rompió el corazón o agobiado por las exigencias de la vida, puedes experimentar a Dios como tu gran consuelo. Él es Jehová-Rapha, el gran y poderoso Sanador, y te espera con los brazos abiertos.

"Mas a vosotros los que teméis mi nombre, nacerá el Sol de justicia, y en sus alas traerá salvación; y saldréis, y saltaréis como becerros de la manada".

MALAQUÍAS 4:2

❄ ❄ ❄

"A ti clamé, y me sanaste.
Oh Jehová, hiciste subir mi alma del Seol;
Me diste vida, para que no descendiese a la sepultura".

SALMO 30:2-3

❄ ❄ ❄

"Él sana a los quebrantados de corazón,
Y venda sus heridas.
Él cuenta el número de las estrellas;
A todas ellas llama por sus nombres.
Grande es el Señor nuestro, y de mucho poder;
Y su entendimiento es infinito.
Jehová exalta a los humildes,
Y humilla a los impíos hasta la tierra".

SALMO 147:3-6

*"El Espíritu de Jehová el Señor está sobre mí,
porque me ungió Jehová; me ha enviado... a
consolar a todos los enlutados; a ordenar que
a los afligidos de Sion se les dé gloria en lugar de
ceniza, óleo de gozo en lugar de luto, manto de
alegría en lugar del espíritu angustiado; y serán
llamados árboles de justicia, plantío de Jehová,
para gloria suya".*

ISAÍAS 61:1-3

❋ ❋ ❋

*"Y se le acercó mucha gente que traía consigo
a cojos, ciegos, mudos, mancos, y otros muchos
enfermos; y los pusieron a los pies de Jesús,
y los sanó".*

MATEO 15:30

"¿Está alguno enfermo entre vosotros? Llame a los ancianos de la iglesia, y oren por él, ungiéndole con aceite en el nombre del Señor. Y la oración de fe salvará al enfermo, y el Señor lo levantará; y si hubiere cometido pecados, le serán perdonados. Confesaos vuestras ofensas unos a otros, y orad unos por otros, para que seáis sanados. La oración eficaz del justo puede mucho".

SANTIAGO 5:14-16

"El Espíritu del Señor está sobre mí,
Por cuanto me ha ungido para dar buenas nuevas a
    los pobres;
Me ha enviado a sanar a los quebrantados de
    corazón;
A pregonar libertad a los cautivos,
Y vista a los ciegos;
A poner en libertad a los oprimidos;
A predicar el año agradable del Señor".

LUCAS 4:18-19

Promesas sobre el amor de Dios por ti que...
ES TU HERENCIA ETERNA

El dolor te puede enceguecer. Cuando eso sucede, no puedes ver o siquiera imaginar nada fuera de ese momento. Sin embargo, como hijo de Dios, puedes estar seguro de que Él tiene planeado un futuro eterno y glorioso para ti. Te ha provisto de un camino para vivir en su presencia por siempre. Y que la vida eterna en presencia del Dios de amor es "... incorruptible, incontaminada e imperecedera. Esta herencia les está reservada en los cielos" (1 Pedro 1:4). Dios prometió esperanza eterna si aceptas a Jesús como tu Señor y Salvador. Nada, ni nadie, puede quitarte esa promesa. Descansa en el

Señor mientras mantienes tu mirada en Él. Vive cada momento para Dios. Sirve con fidelidad a tu Salvador resucitado, y ten seguridad de tu futuro en la eternidad.

✳ ✳ ✳

"Conoce Jehová los días de los perfectos,
Y la heredad de ellos será para siempre".

SALMO 37:18

✳ ✳ ✳

"Bendito el Dios y Padre de nuestro Señor
Jesucristo, que según su grande misericordia
nos hizo renacer para una esperanza viva, por la
resurrección de Jesucristo de los muertos, para
una herencia incorruptible, incontaminada e
inmarcesible, reservada en los cielos para vosotros,
que sois guardados por el poder de Dios mediante
la fe, para alcanzar la salvación que está preparada
para ser manifestada en el tiempo postrero".

1 PEDRO 1:3-5

"Mas ahora que habéis sido libertados del pecado y hechos siervos de Dios, tenéis por vuestro fruto la santificación, y como fin, la vida eterna. Porque la paga del pecado es muerte, mas la dádiva de Dios es vida eterna en Cristo Jesús Señor nuestro".

ROMANOS 6:22-23

✻ ✻ ✻

"Mas el Dios de toda gracia, que nos llamó a su gloria eterna en Jesucristo, después que hayáis padecido un poco de tiempo, él mismo os perfeccione, afirme, fortalezca y establezca".

1 PEDRO 5:10

✻ ✻ ✻

"El que come mi carne y bebe mi sangre, tiene vida eterna; y yo le resucitaré en el día postrero. Porque mi carne es verdadera comida, y mi sangre es verdadera bebida".

JUAN 6:54-55

"Porque sabemos que si nuestra morada terrestre, este tabernáculo, se deshiciere, tenemos de Dios un edificio, una casa no hecha de manos, eterna, en los cielos".

2 Corintios 5:1

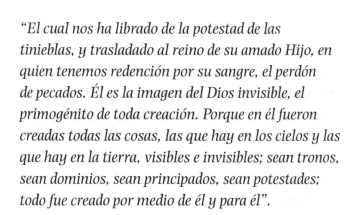

"Para que justificados por su gracia, viniésemos a ser herederos conforme a la esperanza de la vida eterna".

Tito 3:7

"El cual nos ha librado de la potestad de las tinieblas, y trasladado al reino de su amado Hijo, en quien tenemos redención por su sangre, el perdón de pecados. Él es la imagen del Dios invisible, el primogénito de toda creación. Porque en él fueron creadas todas las cosas, las que hay en los cielos y las que hay en la tierra, visibles e invisibles; sean tronos, sean dominios, sean principados, sean potestades; todo fue creado por medio de él y para él".

Colosenses 1:13-16

Promesas sobre el amor de Dios por ti que...
NUNCA CAMBIARÁ

A menudo el sufrimiento que padecemos en la vida resulta de un incidente inesperado, un giro en la situación que no anticipamos, o un cambio que no deseábamos. Y otras veces es el resultado de una mala decisión que tomamos que nos trajo remordimiento y hasta duda acerca del amor de Dios por nosotros. Sin embargo, en estas aguas amargas de la vida, aférrate a la única verdad que trae sustento. Su amor por ti no disminuye, no importa lo que suceda. Él te amó desde que te formó en el vientre de tu madre, y lo hará por la eternidad. Nada de lo que tú hagas hará que Él te ame menos. El Dios del universo, quien tiene contados todos los cabellos de tu cabeza, está comprometido en una relación íntima contigo. Su amor inmensurable por ti nunca cambiará.

✳ ✳ ✳

"Por lo cual estoy seguro de que ni la muerte, ni la vida, ni ángeles, ni principados, ni potestades, ni lo presente, ni lo por venir, ni lo alto, ni lo profundo, ni ninguna otra cosa creada nos podrá separar del amor de Dios, que es en Cristo Jesús Señor nuestro".

ROMANOS 8:38-39

✳ ✳ ✳

"Porque yo sé los pensamientos que tengo acerca de vosotros, dice Jehová, pensamientos de paz, y no de mal, para daros el fin que esperáis. Entonces me invocaréis, y vendréis y oraréis a mí, y yo os oiré; y me buscaréis y me hallaréis, porque me buscaréis de todo vuestro corazón".

JEREMÍAS 29:11-13

"Porque no envió Dios a su Hijo al mundo para condenar al mundo, sino para que el mundo sea salvo por él".

Juan 3:17

✻ ✻ ✻

"Yo soy la vid, vosotros los pámpanos; el que permanece en mí, y yo en él, éste lleva mucho fruto; porque separados de mí nada podéis hacer. El que en mí no permanece, será echado fuera como pámpano, y se secará; y los recogen, y los echan en el fuego, y arden. Si permanecéis en mí, y mis palabras permanecen en vosotros, pedid todo lo que queréis, y os será hecho... Como el Padre me ha amado, así también yo os he amado; permaneced en mi amor".

Juan 15:5-7, 9

✻ ✻ ✻

"Mi Dios, pues, suplirá todo lo que os falta conforme a sus riquezas en gloria en Cristo Jesús".

Filipenses 4:19

"Porque el amor de Cristo nos constriñe, pensando esto: que si uno murió por todos, luego todos murieron; y por todos murió, para que los que viven, ya no vivan para sí, sino para aquel que murió y resucitó por ellos. De modo que si alguno está en Cristo, nueva criatura es; las cosas viejas pasaron; he aquí todas son hechas nuevas".

2 Corintios 5:14-15, 17

* * *

"... El que siembra escasamente, también segará escasamente; y el que siembra generosamente, generosamente también segará. Cada uno dé como propuso en su corazón: no con tristeza, ni por necesidad, porque Dios ama al dador alegre. Y poderoso es Dios para hacer que abunde en vosotros toda gracia, a fin de que, teniendo siempre en todas las cosas todo lo suficiente, abundéis para toda buena obra".

2 Corintios 9:6-8

"Este es el mensaje que hemos oído de él, y os anunciamos: Dios es luz, y no hay ningunas tinieblas en él. Si decimos que tenemos comunión con él, y andamos en tinieblas, mentimos, y no practicamos la verdad; pero si andamos en luz, como él está en luz, tenemos comunión unos con otros, y la sangre de Jesucristo su Hijo nos limpia de todo pecado".

1 Juan 1:5-7

Promesas sobre el amor de Dios por ti que...

ALIMENTA LA ESPERANZA PARA HOY Y LA ETERNIDAD

El dolor puede traer desesperanza. El enemigo trabaja incansablemente para desgastar a los hijos de Dios. Pero tu amoroso Padre celestial te ofrece —sin vacilar por un instante y sin "letra chica"— la maravillosa esperanza de sus buenos planes para ti. Esa esperanza está fundada en el asombroso amor que tiene por ti. Tu relación con su Padre celestial, una relación que te esforzarás en construir y fortalecer por el resto de tu vida, es el lugar donde puedes ser conocido y sentirte amado.

"Por la misericordia de Jehová no hemos sido consumidos, porque nunca decayeron sus misericordias.
Nuevas son cada mañana; grande es tu fidelidad.
Mi porción es Jehová, dijo mi alma; por tanto, en él esperaré".

LAMENTACIONES 3:22-24

"Bendito el varón que confía en Jehová, y cuya confianza es Jehová. Porque será como el árbol plantado junto a las aguas, que junto a la corriente echará sus raíces, y no verá cuando viene el calor, sino que su hoja estará verde; y en el año de sequía no se fatigará, ni dejará de dar fruto".

JEREMÍAS 17:7-8

"Bueno es Jehová a los que en él esperan, al alma que le busca.
Bueno es esperar en silencio la salvación de Jehová".

LAMENTACIONES 3:25-26

"Y el Dios de esperanza os llene de todo gozo y paz en el creer, para que abundéis en esperanza por el poder del Espíritu Santo".

ROMANOS 15:13

✿ ✿ ✿

"Justificados, pues, por la fe, tenemos paz para con Dios por medio de nuestro Señor Jesucristo; por quien también tenemos entrada por la fe a esta gracia en la cual estamos firmes, y nos gloriamos en la esperanza de la gloria de Dios. Y no sólo esto, sino que también nos gloriamos en las tribulaciones, sabiendo que la tribulación produce paciencia; y la paciencia, prueba; y la prueba, esperanza; y la esperanza no avergüenza; porque el amor de Dios ha sido derramado en nuestros corazones por el Espíritu Santo que nos fue dado".

ROMANOS 5:1-5

"Alma mía, en Dios solamente reposa,
Porque de él es mi esperanza.
Él solamente es mi roca y mi salvación.
Es mi refugio, no resbalaré.
En Dios está mi salvación y mi gloria;
En Dios está mi roca fuerte, y mi refugio".

Salmo 62:5-7

❈ ❈ ❈

"Mi escondedero y mi escudo eres tú;
En tu palabra he esperado...
Apartaos de mí, malignos,
Pues yo guardaré los mandamientos de mi Dios.
Susténtame conforme a tu palabra, y viviré;
Y no quede yo avergonzado de mi esperanza.
Sostenme, y seré salvo,
Y me regocijaré siempre en tus estatutos".

Salmo 119:114, 116-117